Papa, was ist der Tod?

Hermann-Josef Zoche

Papa, was ist der Tod?

Ein Kind fragt nach dem Leben

Pattloch

Die Deutsche Bibliothek – CIP-Einheitsaufnahme
Ein Titelsatz für diese Publikation ist bei
Der Deutschen Bibliothek erhältlich

Gedruckt auf chlorfrei gebleichtem Papier.

© 2001 Pattloch Verlag GmbH & Co. KG, München
Umschlag: Atelier Höpfner-Thoma
Satz und Layout: Ruth Bost, Pattloch Verlag;
gesetzt aus LucidaBright
Druck und Bindung: Offizin Andersen Nexö Leipzig –
ein Betrieb der INTERDRUCK Graphischer Großbetrieb GmbH
Printed in Germany

ISBN 3-629-01634-0

Sterben ist

das Auslöschen der Lampe im Morgenlicht,

nicht das Auslöschen der Sonne.

(Rabindranâth Tagore)

Inhalt

Einleitung

Fürchte dich nicht vor dem Tod,
weil er dir auferlegt ist.
Denk daran: Vorfahren und Nachkommen
trifft es wie dich.

(Sirach 41,3)

Der Tod ist immer gewaltsam. Er bricht ins Leben ein wie ein Dieb und nimmt uns Menschen, was uns kostbar ist: das Leben anderer Menschen, das eigene Leben, den Frieden und die Seelenruhe.

Der Tod anderer Menschen konfrontiert uns unweigerlich mit der eigenen Sterblichkeit.

Wer schon einmal den Tod eines nahe stehenden Menschen erlebt hat (und wer hat das ab einem bestimmten Alter nicht?), der wird auch schon erfahren haben, wie stark man dadurch gezwungen wird, an den eigenen Tod zu denken.

Plötzlich erkennt man in einem ganz anderen Licht, was wichtig ist und was unwichtig ist. Vieles, worüber man sich vielleicht jahrelang den Kopf zerbrochen hat, zerfällt zu Staub, anderes – worüber man sich wenig Gedanken gemacht hat – bekommt mit einem Mal einen hohen Stellenwert.

Und dann kann es sein, dass der Gedanke an den Tod plötzlich gar nicht mehr so schrecklich ist: Man begreift, was wirklich zählt.

Aber nun kommen die Fragen: Was bleibt denn, wenn alles – auch mein eigenes Leben – zerfällt?

Der Tod wirft Fragen auf. Um solche Fragen geht es in diesem Buch.

Es sind die Fragen eines Kindes, aber angesichts des Todes fragen wir alle wie Kinder und manche Antworten, die die Erwachsenen den Kindern geben, sind wie ein Trost, den wir uns selber zusprechen.

*Denn ich weiß ja, dass der Schrecken
des Todes in Wahrheit nichts ist, eine
harmlose Zuckung – vielleicht sogar
gesund für die Seele.*

(Der zum Tode verurteilte Cincinatti in
Nabokovs „Einladung zur Enthauptung")

Der Tod ist in der entwickelten Industriegesellschaft tabu. Er ist so tabu, wie ehedem Sex tabu war, man spricht nicht darüber, man hat Nischen dafür. Und das hat zur Folge, dass die Menschen auf nichts im Leben weniger vorbereitet sind als auf das Einzige, was wirklich sicher ist, den Tod.

Die Medizin verweist den Tod auf immer höhere Lebensalter und parallel dazu wird er aus dem Alltag, aus der Familie und aus dem Bewusstsein überhaupt verdrängt.

Der Tod passt nicht mehr ins Bild einer Gesellschaft, die sich an Fortschritt, Leistung, Fitness und vor allem an Jugendlichkeit orientiert. Er stört, der Tod – obwohl der größte Teil unserer Gesellschaft alt und damit – statistisch gesehen – dem Tod nahe ist.

Die vorherrschende Unsicherheit im Umgang mit dem Tod und dem Sterben ist aber nicht nur damit zu begründen, dass die Menschen dem Tod nicht ins Auge sehen wollen, sondern dass sie es aufgrund der gesellschaftlichen Verhältnisse gar nicht können.

Die heutige Gesellschaft zeichnet sich durch die Verengung des Familienkreises, ein relativ hohes durchschnittliches Lebensalter und die Verlagerung der Funktionen der Familie auf Spezialinstitutionen aus. Der sterbende Mensch, dessen Durchschnittsalter bei über 70 Jahren liegt, ist meistens vom Familienverband getrennt.

Der Tod ist zum Fall für die Sozialfürsorge geworden, für die organisierte Nächstenliebe und für jenes Dienstleistungsgewerbe, das die Entsorgung übernimmt, geräuschlos und ohne dass die Hinterbliebenen eine Hand zu rühren brauchen.

In der Familie hat der Tod auch deshalb keine Bleibe mehr, weil von ihr kaum noch etwas übrig ist. Die Familie zerfällt, das ist keine Neuigkeit, oder wenigstens mutiert sie zu einer Erwerbs- und Konsumgemeinschaft, die nur noch ausnahmsweise die Kraft findet, das Sterben in den familiären Zusammenhalt zu integrieren und ihm so wenigstens einen Teil seines Schreckens zu nehmen. Das Sterbezimmer, in dem drei oder vier Generationen samt Freunden und Bekannten versammelt waren, um Abschied zu nehmen und die Todesstunde zu erwarten, gehört der Vergangenheit an.

Das bringt mit sich, dass einem Großteil der Bevölkerung das Sterben und somit der Tod fremd geworden sind. Übrig geblieben ist nur noch die Angst vor dem Tod.

Das vorliegende Buch soll helfen, diese Angst vor dem Tod abzulegen und ihn stattdessen als einen guten Freund zu sehen, der einem nichts Böses will.

Durch die Angst zu sterben
verhindert man nicht seinen Tod –
sondern behindert sein Leben.

(Kristiane Allert)

Die Entfernung des Todes aus der Familie führt dazu, dass für Kinder der Tod des Meerschweinchens oder des Kanarienvogels schlimmer ist als der der Großmutter. Verständlich, denn das Haustier erleben sie jeden Tag, füttern und streicheln es, während die Großmutter weit entfernt in einer Klinik liegt.

Wie dem auch sei: Die Erfahrung, dass alles Lebende sterblich ist, gehört zu den schmerzlichen Grunderfahrungen des Menschen.

Wie aber soll man über den Tod sprechen, wenn das Leben sich – auch und bereits dem Kinde – als radikal sterblich erweist?

Wie das Kinderherz trösten, wenn bei aller Verdrängung des Todes dieser doch ganz unvermittelt auch in das junge Leben einbrechen kann?

Den Tod kann man verdrängen, den Schmerz über ihn nicht. Und mit dem Schmerz kommt die Angst.

Was wäre das aber für ein Leben, wenn es von der Angst zu sterben so restlos beherrscht würde, dass jede Freude und jede Sinnerfüllung sich vor dieser Angst verflüchtigten und zu Staub würden?

Dabei kann dieses Leben so schön sein. Nur mit neuer Kraft enthüllen sich seine Geheimnisse und der tiefere Sinn hinter den Dingen angesichts der radikalen Sterblichkeit allen Seins. Verdrängen wir den Tod, so verdrängen wir die geheimnisvolle Sinnträchtigkeit des Seins, denn es gibt ein Leben *vor* dem Tod, ja das Leben vor dem Tod bekommt erst seine ernsthafte Bedeutung und den unverwechselbaren Charakter seiner Einmaligkeit durch das Wissen um den Tod.

Alle berechtigte Angst vor dem Tod soll dieses unser jetziges Leben nicht lähmen. Der Tod gehört zum Leben, zu seiner radikalen Diesseitigkeit, er ist der letzte Akt des Lebens, der Schlusspunkt, der alles Leben bestimmt und es seiner Beliebigkeit entreißt.

Ohne den Tod wäre unser Leben nur von stets wechselnden Zuständen gekennzeichnet, von einer Art langweiliger Ewigkeit. Durch den Tod erst bekommt die Zeit jenen Charakter des Verlaufens, der unserem Leben Reiz und Richtung gibt.

Das Wissen um den Tod kann uns befreien und zu einem Geheimnis führen, das zu entdecken wir unser Leben lang Zeit haben.

Die wahre Freiheit des Menschen besteht nicht im verantwortungslosen Ausleben von unendlich viel Zeit, sondern in der dankbaren Annahme der Zeit, die jedem von uns geschenkt ist. Die Lebenszeit – auch und gerade, weil sie endlich ist – ist ein Wert, der jedem Menschen angeboten wird. Die letzte und tiefste Freiheit des Menschen ist die Freiheit von der Angst vor dem Tod.

Deshalb ist die Frage nach dem Tod eine Frage nach dem Leben, nach seinem Sinn, nach seiner letzten Bestimmung und nach seinem hintergründig geheimnisvollen Wesen.

Wer nach dem Tod fragt, der fragt nach dem Leben.

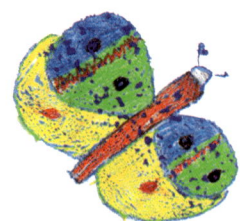

Wir sind nur Würmer, doch dazu geboren,
ein himmlischer Schmetterling zu werden.

(Dante)

Es ist durchaus üblich, sich in der Natur nach Abbildern dessen umzusehen, was im übertragenen Sinne auch mit dem Menschen geschieht. In vielen Kulturen ist der Schmetterling das Symbol für die Metamorphose, da sich die allgemein als hässlich empfundene Raupe in ein so wundervolles, leichtes Tier verwandelt und sich schwebend von der Erde erhebt. In der Tat stellt uns die Natur im Werden eines Schmetterlings das Bild einer Verwandlung von einem „niedrigeren" zu einem „höheren" Wesen vor Augen. Es gibt in der Natur kein zweites Beispiel hierfür und deshalb wurde diese Verwandlung immer auch als Symbol für den Tod angesehen.

So macht die Metamorphose von der Raupe zum Schmetterling zunächst einmal sichtbar, dass der Tod eben nicht das definitive Ende des Lebens ist, sondern dass in ihm etwas Neues beginnt. Indem dieses Neue im Schmetterling sichtbar wird, konkretisiert es sich für den Menschen in einem klaren Bild von dem, was nach dem Tod kommen mag. Dieses Bild nimmt zugleich dem Tod seinen Schrecken und gibt ihm den Sinn einer Verwandlung. Die Raupe wird in Beziehung zu dem gesetzt, was aus ihr wird. Das Wissen um die Metamorphose verändert unsere Sicht auf die Raupe, denn sie ist nun nicht mehr ein unbeholfenes Tier, das sich schwer über die nasse Erde schleppt, sondern zugleich jenes Wesen, aus dem einmal ein Schmetterling wird.

Übertragen auf die Sicht vom Tod als Verwandlung wird in diesem Bild daher auch deutlich, dass die menschliche Existenz vor dem Tod (vergleichbar der Raupe) eine andere Bedeutung bekommt, wenn der Tod den Menschen in ein „höheres" und „schöneres" Wesen verwandelt.

Dieses Buch ist illustriert mit Bildern, die von Kindern gemalt wurden. Sie haben sich mit Raupen und Schmetterlingen befasst und sich über die seltsame Verwandlung gefreut, die diese Tiere durchmachen. Und sie haben dabei mit ihren großen Augen immer wieder gestaunt über die Wunder der Natur und die Geheimnisse des Lebens.

Der Tod ist die uns zugewandte Seite
jenes Ganzen, dessen andere Seite
Auferstehung heißt.

(Romano Guardini)

Die Frage nach dem Tod und die darin verborgene Frage nach dem (Sinn des) Leben(s) bekommt je nach der religiösen Einstellung eine andere Nuance. Jede Religion hat hier einen anderen Zugang. Allen Religionen gemeinsam aber ist der Glaube daran, dass es nach dem Tod (irgendwie) weitergeht. Das vorliegende Buch gibt Antworten primär aus christlicher Perspektive. Es lässt jedoch, da sich ja auch das Christentum bei der Frage nach dem Tod nicht völlig einig ist, jede religiöse Zwistigkeit und theologische Schuldisputation außer Acht. Wichtiger als die (auf der Basis wissenschaftlicher Theologie korrekte) Darstellung verschiedener christlicher Interpretationen von Leben und Tod ist die breite Basis der allgemein verbreiteten Ansichten. Deshalb kommen – trotz der christlichen Grundperspektive – in den Antworten auf die Frage nach dem Tod (und dem, was nach dem Tod kommen mag) auch die Auffassungen anderer (Welt-)Religionen zur Sprache.

Es gibt erwachsene Menschen, die mit einfachen Antworten nicht leben können. Sie misstrauen dem Leben, sobald es nicht kompliziert, leidvoll und schwierig ist. Doch ist die eigentliche Erwachsenenphase im Gesamtleben eines Menschen recht kurz. Bereits in der Antike teilte man die Lebenszeit des Menschen in vier Abschnitte ein: Kindheit – Jugend – Erwachsenenzeit – Alter. Bezeichnenderweise kann man feststellen, dass mit zunehmendem Alter die Menschen wieder einfacher werden. Zwischen der tatsächlichen (ersten) Kindheit und dem erneuten „Kindwerden" im Alter liegen jene Phasen der Jugend und des Erwachsenendaseins, in denen das Leben immer komplizierter wird. So betrachtet kann man die Jugend als ein Sich-Entfernen von der Kindheit und das Erwachsenendasein als ein langsames Zurückkehren zur Kindheit verstehen.

Angesichts dieser Tatsache aber kehrt sich das Verhältnis um: Nicht der antwortende Erwachsene ist das Maß, sondern das fragende Kind, nicht die Antworten enthüllen die Wahrheit, sondern die Fragen. Vor diesen bestehen zu können ist ein Akt der Kind-Werdung, vielleicht der größte Akt des Erwachsenen. Sich darauf einzulassen lädt dieses Buch ein – und gerade deshalb ist es nicht nur ein Kinderbuch, obwohl sich Teile davon gut eignen, sie Kindern vorzulesen und mit ihnen darüber ins Gespräch zu kommen.

Jung ist, wer noch staunen kann
wie ein Kind und immer
wieder gläubig fragen kann:
„Warum?"

(arabische Weisheit)

Die Einfachheit kindlichen Fragens provoziert. Man muss knappe und klare Antworten geben. An die Stelle von abstraktem Verstehen treten einfache, einprägsame Bilder.

Kindliche Fragen reduzieren auf das Wesentliche. Alles Komplizierte und Konstruierte hat auch in den Antworten keinen Platz. So würde ein Kind schon nicht fragen: „Was ist der Tod?", sondern: „Was ist Tod?" Der Erwachsene muss sich auf das einfache, kindliche Denken einstellen. Das ist eine gute Gelegenheit, die eigenen Standpunkte zu überprüfen, und welcher Erwachsene ist nicht schon sprachlos gewesen angesichts der Klugheit einer kindlichen Frage, auf die man keine Antwort wusste?

Das wird besonders deutlich, wenn es um das „Übernatürliche" geht. Kinder haben dazu einen selbstverständlichen, unvoreingenommenen Zugang, den die Erwachsenen oft verloren haben.

In der komplizierten, differenzierten Erwachsenenwelt können kindliche Frage geradezu eine Wohltat sein.

Literarisch ist dies kaum je schöner dargestellt worden als in dem Märchen von des Kaisers neuen Kleidern, in dem alle Scheinwelt des Erwachsenen zusammenbricht vor der Aussage des Knaben: „Aber er hat ja gar nichts an". Erst dadurch bekommen die Erwachsenen den Mut, jene Schwindler, die gar keine Kleider hergestellt haben, zu entlarven: Eine erschre-ckende Nacktheit steht ihnen angesichts der ehrlichen Aussa-ge eines Kindes vor Augen. Das Märchen weist aber über die Nacktheit des Königs hinaus und will sagen: Das Getue der Erwachsenenwelt kann eine Scheinwelt aufbauen, aus der der Erwachsene nicht mehr herauskommt. Die Unbefangenheit des Kindes kann die Erwachsenenwelt bloßstellen.

Kindliche Fragen nach dem Übernatürlichen, nach Tod, Gott, Liebe, Vergebung lassen die Erwachsenen oft nackt dastehen.

Dieser Situation soll das vorliegende Buch entgegenwirken, denn mit keiner Frage wird jeder Mensch so unabwendbar kon-frontiert wie mit der Frage nach dem Tod.

Es ist ein Buch für Erwachsene und für Kinder: Radikal sind die Fragen des Kindes, schlicht und einfach die Antworten.

Dadurch entsteht eine neue, leicht zugängliche Verstehens-weise von „Tod", jenem heiklen Thema, das so sehr zum Spe-zialthema von theologischen Schuldisputationen geworden ist, dass man als Erwachsener häufig der – falschen – Ansicht ist, die Antworten auch jenen Spezialisten überlassen zu müssen. Irgendwann aber stellt sie sich, die Frage nach dem Tod; sie stellt sich kompromisslos jedem Menschen. Sie berührt mit ab-soluter Sicherheit ein Thema, an dem kein Mensch vorbei-kommt. Sie lässt sich aber zugleich auch nicht mit absoluter Sicherheit beantworten.

Letztlich bleibt nur die Hoffnung. Für diese aber gibt es *gute Gründe*. Einige dieser guten Gründe für eine berechtigte Hoff-nung greift dieses Buch auf.

Es ist im Stil eines Dialogs geschrieben, eines fiktiven Ge-sprächs zwischen Vater und Kind. Die Fragen des Kindes sind

20

meistens einfach und direkt, die Antworten oft bildhaft erklä-
rend. Bei der Zusammenstellung ging es primär um die Inhal-
te. So sind die Fragen vielleicht nicht durchgehend nur *einem*
Kind in einem ganz bestimmten Alter (und auf einer ganz
bestimmten Bildungsstufe) zuzuordnen. An einigen Stellen ist
dem Kind in den Mund gelegt, was sich eher dem Erwachsenen
als Folgefrage aufdrängen würde (oder was nur ein älteres Kind
fragen würde). Das hat den Vorteil, dass die Fragen in einer gewissen inneren Logik zueinander stehen, wie sie kindlichem
Fragen oft mangelt. Es geht also nicht um die *authentische*
Wiedergabe eines Plausches zwischen Vater und Kind, sondern
um die logisch geordnete *Essenz* eines solchen Gesprächs. In
Wahrheit würde ein solcher Dialog wahrscheinlich wesentlich
ausschweifender sein und sich über Wochen, Monate oder Jahre erstrecken.

Das Gespräch beginnt direkt und einfach: In einer „ganz normalen" Familie ist die Großmutter gestorben. Mit ihrem Tod
bricht die Frage nach dem Tod in die Familie ein und nach der
Beerdigung fragt das Kind seinen Vater, was es mit dem Tod
auf sich hat …

Es ist traurig,
wenn etwas Schönes aufhört

Seit die Oma gestorben ist, vermisse ich sie sehr – früher, da habe ich sie auch manchmal vermisst, aber da wusste ich, dass sie ja irgendwann wiederkommt.

Wir wissen ja, wo sie ist.

Das sagst du so, aber wo ist sie denn? Sie haben sie doch in einen Sarg getan und auf dem Friedhof beerdigt.

Da auf dem Friedhof liegt nur ihr Körper, aber ihre Seele ist im Himmel. Im Leben sind Körper und Seele ganz eng miteinander verbunden, aber im Tod trennen sie sich.

Das kann ich mir gar nicht vorstellen.

Du kannst dir die Trennung von Körper und Seele so vorstellen, wie wenn du nach einem langen Spaziergang im Regen nach Hause kommst und an der Tür die nassen Sachen ausziehst. Du legst sie weg, weil sie im Moment keine Bedeutung mehr für dich haben. So legen die Toten ihren Körper ab.

Was ist denn eine Seele eigentlich?

In irgendeiner Weise glauben alle Menschen, dass wir zusammengesetzt sind aus der Seele und dem Körper. Die Seele stirbt nicht, der Körper schon. Deshalb sagen viele Menschen zum Körper auch die „sterbliche Hülle". Im Tod ist der Körper wie die nassen Kleider, die man auszieht und nicht mehr braucht. Die Seele ist wie der Mensch, der diese Kleider ablegt.

Dann stirbt der Mensch also gar nicht richtig?
Nein, eigentlich nicht. Der Mensch stirbt zwar, aber irgendetwas von ihm lebt weiter. Und das, was weiterlebt, nennt man auch die „Seele".

Aber dann muss man doch nicht traurig sein, wenn ein Mensch stirbt. Ich bin aber traurig, dass die Oma tot ist, du denn nicht?
Doch, ich bin auch traurig, aber das ist nur so, weil ich sie vermisse und gerne bei uns hätte. Ich glaube aber, dass es für die Oma jetzt viel besser ist und dass sie an einem Ort ist, an dem sie es sehr gut hat.

Aber sie hat es doch bei uns auch gut gehabt.
Ja, das hat sie, aber trotzdem war es hier nie so gut, wie sie es jetzt hat. So schön es auch hier auf der Erde sein kann, wir wissen doch, dass alles Schöne einmal zu Ende ist und wieder etwas anfängt, was vielleicht nicht so schön ist. Dir geht das doch auch so: Die Ferien sind schön, da freust du dich auf jeden Tag, aber irgendwann sind die Ferien vorbei und es beginnt wieder die Zeit, wo du früh aufstehen und zur Schule musst. Dann freust du dich nicht mehr so auf jeden Tag, weil du dann wieder arbeiten musst. Alles Schöne hört eben irgendwann auch wieder auf. Und weil es irgendwann aufhört, darum ist alles Schöne immer auch traurig.

Das stimmt, auf Weihnachten freue ich mich auch immer,
aber ich bin traurig, wenn es dann vorbei ist.

Und dort, wo die Oma jetzt ist, dort ist das, worüber wir uns freuen, nie vorbei. Dort ist alles gut und schön und das wird nie wieder aufhören.

Ist denn im Himmel immer Weihnachten?

Das könnte man so sagen, auf jeden Fall ist es dort immer gut, so gut, dass wir uns das gar nicht vorstellen können. Die Oma war in den letzten Jahren ja auch immer wieder krank und sie hat sicher Schmerzen gehabt. Auch das ist jetzt vorbei.

Hat denn die Oma da, wo sie jetzt ist, keine Schmerzen mehr?

Wenn da, wo sie jetzt ist, alles gut ist, dann hat sie dort auch keine Schmerzen mehr.

Woher weißt du das?

Ich weiß es nicht, ich glaube, dass es so ist.

Wir müssen alle sterben

Aber wenn du das nur glaubst, dass die Oma jetzt im Himmel ist und es dort gut hat, es aber nicht weißt, dann kann es doch sein, dass es der Oma jetzt vielleicht nicht so gut geht, wie du glaubst.

Es gibt viele Dinge im Leben, die man nicht weiß, sondern die man glauben muss. Woher weißt du zum Beispiel, dass ich dich lieb habe?

Das merke und spüre ich einfach.

Und genauso ist das auch mit dem Himmel, man kann spüren und merken, dass es ihn gibt, weil man irgendwo sein möchte, wo alles nur gut ist, wo es keine Schmerzen mehr gibt und wo das Schöne nie aufhört. Wir sehnen uns danach, dass irgendwo alles gut ist, und wenn wir diese Sehnsucht haben, dann muss so ein Ort auch möglich sein. Deshalb glaube ich, dass es ihn gibt. Manche Menschen wollen so sehr dahin, dass sie es in diesem Leben nicht mehr aushalten und sterben wollen.

Wollte die Oma auch sterben?
Ich glaube, manchmal wollte sie sterben. Sie war sehr schwach in den letzten Jahren und sie hatte oft sehr starke Schmerzen. Ab und zu hat sie gesagt, dass sie es nicht mehr aushält und dass sie bald sterben möchte.

Das hat sie mir nie gesagt.

Nein, sie hat dich sehr lieb gehabt und sie wollte nie, dass du traurig bist, wenn sie tot ist.

Musst du auch irgendwann sterben?

Ja, wir müssen alle irgendwann sterben.

Ich auch?

Ja, auch du musst irgendwann sterben, aber wahrscheinlich ist das noch lange hin; wenn du so alt wirst wie die Oma, dann bist du noch ganz lange in diesem Leben.

Aber ich habe Angst davor, dass du sterben musst, dass Mama stirbt und auch ich einmal sterben muss. Hast du keine Angst vor dem Tod?

Doch, ich habe auch Angst vor dem Tod. Ich glaube, dass jeder Mensch Angst davor hat, denn der Tod ist etwas Fremdes, wir wissen nicht, was danach kommt und wie es wird, deshalb haben wir Angst davor. Wenn ihr in der Schule einen Ausflug macht und irgendwohin fahrt, wo du noch nie warst, dann fühlst du dich ja auch nicht so ganz gut.

Eben hast du doch gesagt, dass die Oma manchmal auch sterben wollte, aber wenn man etwas will, dann hat man doch davor keine Angst.

Ich glaube, wenn man alt ist, dann ändert sich das irgendwie. Du bist noch sehr jung, und wenn man jung ist, dann glaubt man immer, man lebt ewig. Erst wenn man älter wird, merkt man, dass das Leben eigentlich sehr kurz ist, und ganz spät, wenn man schon sehr alt ist, dann denkt man öfter an den Tod.

Am Anfang des Jahres denkst du ja auch noch nicht an Weihnachten, weil es noch ganz lange dauert, bis wieder Weihnachten ist, aber dann, wenn es immer näher kommt, dann denkt man auch immer öfter daran.

Im Sommer machst du dir noch keine Gedanken über das, was du dir zu Weihnachten wünschst, und du kaufst auch noch keine Geschenke. Aber dann, wenn du merkst, dass es immer mehr auf Weihnachten zu geht, dann bereitest du dich darauf vor, du machst einen Wunschzettel, du überlegst, womit du anderen Menschen eine Freude machen kannst, du fängst an zu basteln oder einzukaufen.

So ist das auch mit dem Tod. Wenn er näher rückt, dann beginnt man, sich darauf einzustellen und darauf vorzubereiten.

Jetzt aber ist es ganz normal, dass du nicht an den Tod denkst, es wäre auch schade, wenn du jetzt schon daran denken würdest, denn wir wollen doch noch viele schöne Jahre hier zusammenleben.

Aber für die Oma ist das jetzt vorbei und ich finde das schade, denn ich möchte, dass auch die Oma noch viele Jahre mit uns zusammenlebt.

Ich möchte das auch. Aber es geht ja nicht nur um mich oder um dich. Manchmal muss man es einfach hinnehmen, dass man etwas nicht bekommt, was man gerne möchte. Du bekommst ja auch nicht immer alles, was du dir wünschst.

Das ist wie an meinem Geburtstag. Da habe ich mir auch etwas gewünscht und es nicht bekommen.

Ja, ich erinnere mich. Aber trotzdem war das Geburtstagsfest für dich doch schön, oder?

Ja, es war sehr schön und nachher habe ich ganz vergessen, dass ich nicht alles bekommen habe, was ich mir gewünscht hatte.

Und genauso ist das mit der Oma, die jetzt nicht mehr bei uns ist. Wir hätten gerne, dass sie noch hier ist, das wäre ein Geschenk, aber nun, wo wir wissen, dass wir dieses Geschenk nicht bekommen, können wir uns trotzdem freuen, so, wie du dich an deinem Geburtstag gefreut hast, obwohl nicht alle deine Wünsche in Erfüllung gegangen sind.

Dann macht es der Oma nichts aus, dass wir uns freuen, auch wenn sie tot ist.

Nein, ganz sicher nicht. Wir freuen uns ja nicht darüber, dass sie tot ist. Aber wir sind getröstet, weil wir glauben, dass es der Oma dort, wo sie jetzt ist, viel besser geht, als wenn sie noch hier wäre und Schmerzen hätte.

Ein fernes Land, wo ganz viel Freude ist

Papa, wo ist denn der Himmel?
Nun, ehrlich gesagt wissen wir nicht genau, wo der Himmel ist, weil ja keiner von uns jemals dort war.

Aber wenn man nicht weiß, wo der Himmel ist, dann gibt es ihn vielleicht gar nicht.
Früher wussten die Menschen in Europa auch nicht, wo Amerika liegt. Sie wussten gar nicht, dass es dieses Land überhaupt gibt.

Aber jetzt wissen wir es, weil Kolumbus es entdeckt hat. Kann denn jemand auch den Himmel irgendwann mal entdecken und dann wissen wir, wo er ist?
Nein, das wird nicht gehen, weil wir ja leben und mit diesem Körper, in dem wir leben, können wir nicht in den Himmel kommen. Um den Himmel zu entdecken, muss man sterben. Aber wir ahnen doch, dass es ihn gibt.

Woher können wir denn ahnen, dass es den Himmel gibt, wenn noch nie einer von den Lebenden dort war und ihn entdeckt hat?
Es gibt bestimmte Spuren, die darauf hinweisen, genau wie es jahrhundertelang Spuren gab, die darauf hindeuteten, dass es Amerika gibt. Immer wieder haben nämlich die Menschen auch in Europa an den Stränden Dinge gefunden, die nicht von einem Land kommen konnten, das sie kannten. Es

waren Baumstämme, die das Meer angeschwemmt hatte, Stämme von fremden Bäumen, die noch nie jemand gesehen hatte – und die es in Europa nicht gibt. Da haben sich die Menschen gedacht, dass irgendwo da draußen hinter dem großen Meer noch ein Land sein muss, in dem solche Bäume wachsen.

Und was sind das für Spuren, die wir vom Himmel bekommen?

Die sind anders als die Baumstämme, die aus Amerika oder anderen fernen Ländern angeschwemmt wurden, aber sie sind genauso da. Nimm zum Beispiel die Freude: Du kennst das Gefühl, wenn man sich ganz stark über etwas freut. Das ist so, wie wenn ein kleines bisschen von der Freude, die im Himmel ist, zu uns auf die Erde kommt – wie die Baumstämme aus Amerika schon seit Jahrtausenden in Europa an Land gespült werden.

Warum kommt denn nur ein bisschen Freude vom Himmel zu uns und nicht alles?

Wir Menschen wissen aus Erfahrung, dass bei uns nicht die ganze, vollkommene Freude ist, denn irgendwann hört die Freude hier immer wieder auf.

Aber ganz tief drinnen möchte man, dass sie bleibt.

Ganz genau. Die Freude ist eine Spur des Himmels in dieser Welt, aber sie ist nur kurz da und hört wieder auf. Dadurch spüren wir, wie schön es erst im Himmel sein muss, wenn man dort Freude hat, die nie mehr aufhört.

Woher wissen wir denn, dass die Freude im Himmel nie mehr aufhört?

Das wissen wir nicht genau, aber wir können es uns denken und ganz besonders deutlich wird das beim Tod. Du hast eben selbst gesagt, dass es schade ist, sterben zu müssen, und dass wir alle Angst vor dem Tod haben. Solange aber diese Angst da ist, kann die Freude nie so groß sein, wie wir es gerne hätten und es uns wünschen. Der Tod verdirbt uns auf Erden immer wieder die Freude.

Weil jeder Mensch sterben muss, bleibt in unserem Leben immer die Angst?

Ja, irgendwie schon, denn jeder hat Angst vor dem Tod, weil er wie die Reise in ein fremdes Land ist, wo noch nie jemand war.

Solange der Tod uns Menschen noch bevorsteht, ist jede Freude getrübt. Wenn wir aber einmal gestorben sind, dann ist diese Angst vor dem Tod ja weg und dann wird die Freude auch nie mehr aufhören.

Aber kann es nicht sein, dass man dann wieder in einem Leben ist, in dem man sterben muss?

Es gibt Menschen, die das glauben, aber eigentlich ist das keine besonders angenehme Vorstellung, dass man wieder in ein Leben kommt, wo es den Tod gibt. Denn wenn man dann wieder sterben muss, dann ist ja auch wieder die Angst da.

Und die Angst ist schuld daran, dass man sich nicht so ganz und gar freuen kann?

Genau. Übrigens kommt der Tod ja nicht erst am Ende des Lebens, eigentlich ist er immer da. Du bist noch sehr jung, du wirst noch wachsen und zunehmen, aber trotzdem kannst du sehen, dass auch an dir schon etwas stirbt.

Das ist ja furchtbar.

Eigentlich ist es ganz normal, es gehört zum Menschsein dazu. Auch dir fallen schon ein paar Haare aus, auch du musst die Fingernägel abschneiden, wenn sie zu lang sind, auch du hast schon Milchzähne verloren und hast jetzt die Zähne im Mund, die ganz lange bleiben.

Und was ist mit Krankheiten?

Das stimmt: Auch Krankheiten sind eine Art Tod in unserem Leben. Man stirbt zwar nicht gleich, wenn man eine Erkältung hat, aber man merkt eben doch, dass der Körper anfällig ist, dass man schwach wird und nicht mehr so kann, wie man gerne möchte.

Ein paar Krankheiten hast du auch schon gehabt und warst dann ganz schwach. Später aber wird es dir immer mehr so gehen, dass die Kräfte nachlassen.

Und das hat auch etwas mit dem Tod zu tun?

Irgendwie schon.

Das ist ja schlimm, dann ist ja der Tod schon in meinem Körper.

In gewisser Weise schon, aber das ist eigentlich nicht schlimm. Denn so, wie die Haare und die Fingernägel nachwachsen, wenn du sie geschnitten hast, erneuert sich auch der ganze Körper im Laufe von Jahren, das Blut wird erneuert, die Zellen werden erneuert und so weiter. Aber trotzdem bleibst du derselbe Mensch. Du merkst es eigentlich gar nicht, dass ständig etwas abstirbt und etwas neu wird in deinem Körper, weil du ja du bist und bleibst. Und selbst wenn immer wieder etwas abstirbt, bist du doch ein ganz hübscher Mensch. Du hast sehr vieles, über das du dich freuen kannst: Dich gibt es nur einmal, ein einziges Mal, so einen Menschen wie dich hat es nie vor dir gegeben und wird es auch nie nach dir geben. Darüber kannst du dich sehr freuen und das ist alles viel schöner, als zu denken, du hättest den Tod im Körper. So etwas solltest du am besten gar nicht denken.

Aber wie soll ich es denn sonst verstehen, dass ich auch mal krank bin und dass mir schon fast alle Milchzähne ausgefallen sind?

Das sind alles Zeichen dafür, dass in dieser Welt nichts vollkommen ist. Aber auch das Unvollkommene kann noch sehr, sehr schön sein.

Papa, ist denn die Oma jetzt auch noch die Oma?

Aber sicher. Das will ich dir ja gerade erklären: Hier im Leben erneuert sich der Körper immer wieder, aber trotzdem bleibst du derselbe Mensch; ganz ähnlich ist es auch mit dem

Tod. Da fällt der Körper ganz von einem ab, aber dennoch bleibt jeder Mensch er selbst. Du sagst ja auch jetzt noch „Oma", obwohl sie tot ist, und du sagst nicht „die Frau, die mal meine Oma war".

Ein Telefon zum Himmel?

Ich habe da noch eine andere Frage: Wenn die Oma gestorben ist und nun in einem Land ist, das wir nicht kennen, wo es aber ganz schön ist, warum schickt sie uns dann nicht eine Nachricht. Ich würde so gerne nochmal ihre Stimme hören und mit ihr reden.

Alles, was wir bisher über den Tod gesagt haben, sind Bilder und Beispiele, die uns helfen, den Tod zu verstehen, und die uns trösten sollen. Irgendwo aber hat jedes Bild seine Grenze. Wir können nur mit unserem menschlichen Verstand über den Tod reden und ihn uns nur in Bildern, die wir kennen, vorstellen.

Also ist die Oma gar nicht in diesem schönen, fremden Land, das wir Himmel nennen? Wir stellen uns das nur so vor.

So ist es nun auch wieder nicht. Die Bilder, die wir benutzen, drücken nur nicht genau aus, wie der Himmel wirklich ist. Es gibt aber, wie gesagt, Spuren in unserer Welt, die uns auf dieses ferne, schöne Land hinweisen und uns zu dem Schluss bringen, dass es den Himmel auch gibt. Wie es aber ganz genau im Himmel ist, das können wir uns nicht vorstellen. Wenn zum Beispiel ein Mensch von einer ganz einsamen Insel, wo es keinen Strom gibt, kein Wasser aus der Leitung, keinen Kühlschrank und so weiter, wenn von dort also ein Mensch zu uns nach Deutschland käme, dann könnte er das alles nicht glauben, denn er würde vieles sehen, was er sich noch nie vorgestellt hat.

Er würde zum Beispiel auch sehen, dass wir Telefone haben, und darüber vielleicht sehr staunen. Da es aber auf seiner Insel kein Telefon und keine Post gibt, kann er dorthin auch nicht telefonieren oder eine Karte schicken, um zu erzählen, was er hier in Deutschland gerade erlebt.

Vielleicht ist es so auch mit denen, die im Himmel sind: Sie können uns nicht Bescheid sagen, wie es dort ist.

Weil wir kein Telefon zum Himmel haben?

Ja, so könnte man sich das veranschaulichen. Aber die Oma weiß ja ganz genau, dass wir eines Tages auch sterben werden und dann dort sind, wo sie ist. Dann können wir uns gemeinsam darüber freuen, dass wir wieder beieinander sind.

Ich kann gut verstehen, dass du gerne einmal wieder mit deiner Großmutter sprechen möchtest. Auch ich würde gerne nochmal mit ihr sprechen.

Ich denke gerade daran, wie ihr im vergangenen Jahr auf Klassenfahrt wart. Ich habe dich auch sehr vermisst, als du fort warst, und schon am ersten Abend hätte ich nichts lieber getan, als mit dir zu reden. Ich habe auch der Mama gesagt, dass ich dich vermisse, aber sie hat dann geantwortet, dass ihr sicher viel Freude in der Jugendherberge miteinander habt. Das hat mich getröstet und ich habe mich dann mit euch gefreut.

Wir hatten auch viel Freude.

Und ich habe mich einfach mit dir mitgefreut. Das hat geholfen, meine Sehnsucht zu überwinden.

Und was hat das mit der Oma zu tun?

Nun, wir haben Sehnsucht nach ihr, aber wenn wir wissen, dass sie dort ist, wo ganz viel Freude und Friede ist, wo sie keine Schmerzen mehr hat und keine Krankheiten mehr kommen, dann können wir uns mit der Oma mitfreuen und so ist es leichter, mit der Sehnsucht nach ihr und mit der Trauer über ihren Tod fertig zu werden.

Oma soll nicht böse auf mich sein

*Warum hast du dann in der Kirche geweint und warum wart
ihr alle so traurig bei der Beerdigung?*

Am Anfang, wenn ein Mensch tot ist, dann kann er einem
sehr fehlen. Dann tut es ganz tief hier drinnen weh, so
weh, dass man weint. Bei der Beerdigung, da war die Oma ja
noch nicht lange tot und deshalb war es mir so schwer zu
begreifen, dass sie nun fort ist und nie mehr bei uns sein
wird.

*Ich habe auch geweint, aber mir hat es ganz besonders Leid
getan, dass ich ihr etwas nicht mehr sagen konnte, was ich
ihr unbedingt noch sagen wollte. Jetzt kann ich es nicht mehr
sagen.*

Was wolltest du ihr denn noch sagen?

*Ich wollte ihr so gerne noch sagen, dass sie nicht mehr böse
auf mich sein soll, weil ich an ihrem Geburtstag nicht lieb zu
ihr war. Es tut mir sehr Leid.*

Ich glaube, das hat sie dir vergeben.

Mir geht es übrigens auch so: Sie war ja meine Mutter und
ich war auch nicht immer nur nett zu ihr. Früher, als ich jung
war und noch zu Hause lebte, da haben wir sogar oft miteinander gestritten.

Jetzt, wo sie tot ist, fällt mir vieles wieder ein und es tut mir
Leid.

Das hat sie dir aber auch vergeben. Sie hat mir einmal gesagt, dass du ein ganz lieber Mensch bist und dass sie froh ist, bei uns wohnen zu können.

Das macht den Umgang mit dem Tod für uns zusätzlich schwer, dass wir hinterher immer meinen, wir müssten noch so vieles miteinander bereden, und vor allen Dingen tut einem jeder Moment Leid, an dem man nicht nett zu dem Menschen war, der jetzt gestorben ist.

Dann müssen wir immer ganz lieb zueinander sein und dann tut es auch nicht weh, wenn einer stirbt?

Ja, du hast Recht, es ist das Beste, wenn man immer gut zueinander ist. Ich glaube aber, dass es auch dann, wenn man immer ganz lieb zueinander ist, wehtut, wenn ein Mensch stirbt. Vielleicht tut es dann sogar noch mehr weh, weil man einen Menschen, den man sehr lieb hat, auch sehr vermisst, wenn er nicht mehr lebt.

Wäre es dann besser, wir würden die Menschen gar nicht so lieb haben, dann würden sie uns auch nicht so fehlen, wenn sie sterben?

Es stimmt schon, dass einem ein Mensch mehr fehlt, wenn man ihn sehr lieb hat. Denn wenn man sich liebt, dann ist man einander sehr nahe.

Die Oma fehlt dir ja auch deshalb, weil ihr euch so gut verstanden habt. Aber deswegen einen Menschen nicht lieb zu haben, weil man dann nicht so einen großen Schmerz aushalten muss, wenn er stirbt, das geht auch nicht. Das wäre ja sehr egoistisch und schließlich kann man nicht glücklich sein auf dieser Welt, wenn man keinen Menschen lieb hat. Wir alle brauchen Menschen, die uns ganz nahe sind.

Das verstehe ich nicht: Du sagst, es tut mehr weh, wenn ein Mensch stirbt, der einem ganz nahe war, aber einen Menschen nicht lieb zu haben, damit es nicht wehtut, wenn er stirbt, das geht auch nicht?

Das Leben ist eben viel schöner, wenn man alle Menschen lieb hat und wenn man sich Mühe gibt, alle zu lieben. Was wäre das für ein Leben, wenn man keinen Menschen lieb hat, nur damit es nicht so wehtut, wenn einer stirbt?

Auf der anderen Seite können wir uns hier auf der Erde aber gar nicht so sehr lieben, dass wir uns nie streiten, auch wenn wir das noch so sehr wollen und uns immer Mühe geben. Du hast ja eben selbst gesagt, dass du darüber traurig bist, mit der Oma nun nicht mehr reden zu können und ihr zu sagen, dass es dir Leid tut, nicht nett gewesen zu sein – obwohl du sie ja sehr lieb hattest.

Vielleicht tut es der Oma ja auch Leid, dass sie mal nicht nett zu dir war, als du klein warst.

Ja, das ist gut möglich.

Aber wenn sie im Himmel ist, dann kann es ihr ja nicht mehr Leid tun, weil sie doch im Himmel nicht mehr traurig sein kann, sondern nur noch Freude hat.

Sie ist in der Ewigkeit, aber noch nicht im Himmel. Das kannst du dir am besten noch einmal mit diesem Bild vorstellen: Nach dem Tod beginnt eine Reise, die so ähnlich ist wie die von einer primitiven Insel in ein wunderbares Land, wo alles viel besser und schöner ist als auf der Insel. Die Reise selbst findet in der Ewigkeit statt und das Ziel dieser Reise ist der Himmel.

Vom langen und vom kurzen Weg

Also ist die Oma jetzt auf so einer Reise und noch gar nicht im Himmel?

Ja, so kann man sich das vorstellen. Und auf der Reise, die sie mit ihrem Tod begonnen hat, kann sie sich alles noch überlegen, was ihr Leid tut.

Dann tut ihr das jetzt auch noch weh?

Nun, das wissen wir nicht, aber man kann es vermuten. Die Christen haben diese Reise, auf der einem noch manches wehtut, das „Fegefeuer" genannt. Und die Menschen, die auf der Reise sind, haben sie oft die „armen Seelen" genannt. Aber das sind keine guten Ausdrücke.

Was ist eine „arme Seele"?

Das ist die Seele eines Menschen, die nach dem Tod auf der Reise zu Gott ist, aber noch nicht bei ihm angekommen ist.

Das Wort „arme Seele" klingt allerdings so, als sei es eine „bedauernswerte Seele", die einem Leid tun muss. Aber du siehst jetzt schon, dass eine Seele, die nach dem Tod auf dem Weg zu Gott ist, eigentlich nicht „arm dran" ist, denn sie ist auf dem Weg zu etwas sehr Schönem.

*Warum sagen die Christen dann zu dieser Reise „Fegefeuer",
wenn das kein gutes Wort ist?*

Weil jeder, der das Wort „Feuer" hört, sofort daran denkt,
dass man sich verbrennen kann und dass das wehtut. Vielleicht wollten sie den Menschen damit auch ein bisschen
Angst machen, damit sie sich hier auf der Erde gut verhalten. Viel besser kann man sich diese Reise wie eine Reinigung
vorstellen.

Wie eine Waschmaschine?

Na ja, so ähnlich. Man kann das auch nur wieder in einem
Bild ausdrücken. Stell dir mal vor, dass alle Menschen in dem
Land, in das die Oma reist, ganz saubere Sachen tragen,
schöne weiße Kleider, an denen kein Flecken mehr ist, und
man wird dort nur hereingelassen, wenn man selbst auch ein
ganz sauberes Kleid anhat. Wenn man stirbt, ist das Gewand
noch nicht ganz sauber und auf der Fahrt kann man alles ab-
waschen, was noch an Flecken drauf ist.

*Ich glaube aber, dass die Oma schon ein ganz sauberes
Gewand anhat, denn sie war immer sehr lieb zu uns.*

Ja, das glaube ich auch.

*Wie lange dauert denn die Reise, bis die Oma mit sauberen
Kleidern ganz im Himmel ist?*

Die Reise dauert so lange, wie man für die Reinigung braucht.
Wenn jemand nicht mehr so viel waschen muss, dann ist er
bald im Himmel, wenn er aber sehr viel Zeit für das Reinigen
braucht, dann dauert es auch lange, bis er im Himmel ist.

Wenn die Oma jetzt auf der Reise ist und dabei ihre Sachen für den Himmel reinigt, dann hängen das Leben vor dem Tod und das Leben nach dem Tod zusammen?

Ja, ganz genau so ist es. Ich glaube, wir sind bereits ein gutes Stück vorwärts gekommen, so dass du jetzt schon leichter verstehen kannst, wie das mit dem „Leben vor dem Tod" und dem „Leben nach dem Tod" so ist. Wenn man hier auf der Erde schon gut war und die Menschen sehr lieb hatte, dann sind die Kleider nicht so schmutzig, wie wenn man böse war und immer nur an sich selbst gedacht hat. Wenn man aber schon saubere Kleider anhat, dann hat man es nach dem Tod leichter, in den Himmel zu kommen.

Ist denn mein Kleid auch sauber?

Ja, ich denke schon, denn du hast die Oma und andere Menschen doch sehr lieb. Das merkst du ja daran, wie weh es dir tut, dass die Oma nicht mehr da ist. Je mehr es wehtut, umso mehr hast du sie geliebt – und umso sauberer ist dein Kleid.

Merkt man denn die Liebe immer nur daran, dass sie wehtut?

Nein, die Liebe tut nicht weh. Sie ist das Schönste, was es gibt. Es tut nur weh, dass man hier auf der Erde nie so gut und lieb sein kann, wie man es gerne möchte.

Ist das im Himmel anders?

Wir glauben, dass es so ist. Wir glauben, dass man im Himmel so lieb zueinander sein kann, wie man es gerne möchte, und dass es dort nie Streit oder Missverständnisse gibt.

Die Liebe ist das Einzige, was zählt. Sie ist das Maß aller Dinge. Nur an der Liebe erkennt man, ob ein Mensch gut ist oder nicht.

Die Liebe ist das Einzige, was zählt

Wenn man im Himmel ganz doll lieben kann, dann ist der Tod also gar nicht so schlimm?

Nein, für denjenigen, der stirbt, ist der Tod nicht so schlimm. Schlimm ist er für die, die noch nicht gestorben sind.

Es sind also einige noch nicht gestorben, einige sind schon gestorben und noch auf der Reise, wo sie ihre Sachen reinigen, und andere sind schon in dem Land, wo alles gut ist?

Ja. Aber eigentlich haben die Vorbereitungen auf die Reise auch für uns, die wir noch nicht gestorben sind, schon jetzt begonnen.

Was meint das denn jetzt? Die Reise beginnt doch erst nach dem Tod?

Ja, aber jede Reise braucht ihre Vorbereitungen. Das ganze Leben hier auf der Erde ist so, wie wenn wir uns alle auf diese eine, große Reise vorbereiten. Wenn die Vorbereitungen abgeschlossen sind, dann gelangen wir zu der Stelle, von der aus wir wirklich aufbrechen. Durch den Tod geht die Reise richtig los.

Und da, wo die Toten jetzt sind, da ist Gott?

Bis jetzt haben wir von Gott noch gar nicht gesprochen, obwohl manchmal von ihm doch schon die Rede war. Zum Beispiel haben wir schon von der Liebe geredet und davon, dass diese Liebe im jetzigen Leben entscheidend für das ist, was

nach dem Tod geschieht. Für „Liebe" könnte man auch „Gott"
sagen, denn Gott ist die Liebe.

Ist Gott überall da, wo die Liebe ist?
Ja, überall, wo Menschen sich bemühen, gut zu sein, wo sie
sich lieben und wo es ihnen Leid tut, dass sie nicht genügend
geliebt haben. Überall da ist Gott.

Dann ist Gott nicht nur im Himmel, sondern auch auf der
Erde?
Stimmt, aber man kann sich auch das schwer vorstellen: Gott
ist überall.

Jemand lieb haben heißt sagen:
Du sollst nicht sterben

In unserer Klasse ist ein Schüler, der hat gesagt, dass er nicht an Gott glaubt. Wohin geht der denn, wenn er stirbt?

Wir glauben, dass auch er zu Gott geht, aber er muss ihn erst nach dem Leben hier auf der Erde kennen lernen. Eigentlich glaubt jeder Mensch irgendwie an Gott, auch wenn er das nicht weiß. Von den ältesten Zeiten an bis zu unseren Tagen findet man bei den verschiedenen Völkern den Glauben an eine verborgene Macht, die am Lauf der Welt und an den Ereignissen des menschlichen Lebens beteiligt ist.

Und diese unsichtbare Macht ist Gott?

Ja, oder besser gesagt: Jeder Mensch, der an eine solche unsichtbare Macht glaubt, der glaubt an das, was wir „Gott" nennen.

Warum haben denn die Menschen immer schon an Gott geglaubt?

Schon ganz früh, bei den alten Völkern, haben die Menschen gesehen, dass die Welt sehr schön ist, sie haben gestaunt über die Welt und gefragt, wer diese Welt gemacht hat. Ihre Antwort war, dass nur jemand, der viel größer ist als die Menschen, so etwas machen kann. Deshalb haben sie gesagt: Gott ist der Schöpfer.

Andererseits sind die Menschen immer schon gestorben und immer hat denen, die zurückblieben, der Tod wehgetan, denn sie wollten nicht, dass ein Mensch, den sie lieb hatten, stirbt. So haben sie gedacht, dass der, der die Welt so schön gemacht hat, auch dafür sorgen wird, dass die Toten zu ihm kommen.

Haben sie denn Recht mit dieser Ansicht?

Wir glauben, dass es so ist – darüber haben wir ja bereits gesprochen. Aber du musst bedenken, dass die Welt schon sehr alt ist und sich schon sehr viele Menschen Gedanken darüber gemacht haben, ob es einen Gott gibt. Je mehr sie darüber nachgedacht haben, je mehr – wie wir sagen – ihre Kultur fortgeschritten ist, umso genauer haben sie sich Gedanken darüber gemacht, ob es einen Gott gibt und ob es ein Leben nach dem Tod gibt. Dabei ist ihnen auch zu Hilfe gekommen, dass die Sprachen sich immer mehr entwickelt haben und dass sie allmählich viel besser ausdrücken konnten, was sie dachten.

In manchen frühen Kulturen konnten die Menschen das, was sie glaubten, nicht präzise mit Worten ausdrücken. Sie haben sich daher einfache, bildhafte Geschichten erzählt, die man „Mythen" nennt. Die Mythen vermitteln eine Empfindung über die Zusammenhänge der Welt. Sie haben aber auch getanzt, gesungen und gemalt und sich auf diese Weise ausgedrückt.

Ich singe auch manchmal, wenn ich mich freue.

Das kann man durchaus miteinander vergleichen, denn die ganzen Völker und Kulturen haben sich so entwickelt wie ein

Kind. Ein Kind kann am Anfang auch nur ganz wenig ausdrücken. Man kann nur sehen, dass es sich freut, wenn es lacht oder singt. Später dann kann man ein Kind fragen: „Warum freust du dich so?" und es kann darauf eine Antwort geben.

So haben die Menschen später gemerkt, dass es sehr tröstet, wenn man nicht nur irgendwie empfindet, wie es nach dem Tod weitergeht, sondern wenn man darüber auch sprechen und es in Worte fassen kann.

Gerade durch den Tod sind sie immer wieder auf den Gedanken gekommen, dass es einen Gott geben muss, zu dem die Gestorbenen gehen. Sie haben diesen Gott nicht immer so genannt, aber sie haben sich immer so verhalten, als ob die Toten auferstehen.

Was heißt denn „auferstehen"?

Das ist ein christliches Wort und es meint, dass es ein Leben nach dem Tod gibt. Diese Vorstellung lindert auch die Unruhe des menschlichen Herzens.

Was ist denn mit Unruhe gemeint?

Nun, damit ist dasselbe gemeint wie das, worüber wir gerade reden: Auch wir sind unruhig, weil die Oma gestorben ist und wir nicht genau wissen, wo sie jetzt ist und was mit ihr nach dem Tod passiert. Ja, wir sind auch deswegen unruhig, weil wir immer dann, wenn ein Mensch stirbt, daran erinnert werden, dass auch wir einmal sterben müssen. Augustinus, ein großer christlicher Lehrer, hat einmal gesagt: Unruhig und brennend ist unser Herz, bis es ruht in Gott.

Der Tod bringt also Unruhe in die Welt?

Ja. Es beunruhigt uns, dass jeder Mensch sterben muss. Mich beunruhigt, dass auch du einmal sterben musst, denn ich habe dich sehr lieb und ich möchte nicht, dass diese Liebe einmal zu Ende ist.

Aber wenn nach dem Tod eine Reise in das Land beginnt,
in dem nur Liebe ist, dann geht die Liebe ja nicht zu Ende.

Und genau deshalb ist es so tröstlich zu glauben, dass es dieses Land gibt, und anzunehmen, dass wir uns die Spuren, die wir von diesem Land kennen, nicht nur einreden, sondern dass es wirklich so ist.

Bei allem Trost aber bleibt doch eine gewisse Trauer, denn ich bin gerne mit dir auf dieser Erde, ich lache gerne mit dir, spiele und rede gerne mit dir – ich bin einfach gerne mit dir zusammen. Vieles, was ich hier auf der Erde sehe und erlebe, macht mir Freude; auch dieses Gespräch mit dir. Ich hoffe zwar, dass diese Freude mit dem Tod nicht endet, sondern nach dem Tod weitergeht – ja, ich hoffe sogar, dass alles noch viel schöner wird, aber das ist eben nur eine Hoffnung. Diese Hoffnung ist in meinem Kopf und in meinem Herzen, ich spüre sie und dennoch ist sie nicht so wirklich, wie dein Lachen oder wie deine großen Augen, mit denen du mich jetzt anschaust. Ich bin auch jetzt ein wenig unruhig, weil ich weiß, dass du gleich ins Bett musst und dass diese schönen Augenblicke gleich wieder vorbei sind. Trotzdem sind solche Augenblicke mit dir und mit anderen Menschen ganz, ganz schön.

Es kommen aber doch wieder neue Augenblicke, in denen wir uns wohl fühlen und uns freuen. Ich freue mich auch schon auf morgen, das wird sicher ein ganz schöner Tag.

Ja, ich freue mich auch schon darauf, dich morgen wieder zu sehen und mit dir zu sprechen. Diese Vorfreude nimmt uns etwas von der Trauer darüber, dass wir jetzt einander „gute Nacht" sagen müssen. Eigentlich ist es immer so im Leben: Wenn man sich auf etwas freut, ist das, worüber man gerade traurig ist, nicht mehr so schlimm.

Wenn einer von dort drüben zu uns kommt

Ist denn von dem fernen, schönen Land, in das die Oma jetzt reist, wirklich noch nie jemand zu uns auf die Erde gekommen?

Doch, einmal ist jemand gekommen. Wir Christen glauben jedenfalls, dass Gott nicht nur in dem fernen Land ist, von wo aus er die Erde geschaffen hat, sondern dass er ganz nahe bei uns sein will und uns deshalb seinen Sohn auf die Erde geschickt hat, damit er uns von Gott erzählt.

Aber dann haben wir doch viel mehr als nur irgendwelche Spuren aus diesem Land, dann war ja mal jemand da und hat uns davon erzählt.

Ja, da hast du ganz Recht, für uns Christen beruht der Glaube an Gott auch darauf, dass er uns durch Jesus Christus sehr viel von sich erzählt hat.

Wann war denn Jesus Christus auf dieser Erde?

Das ist schon sehr lange her, aber es war so bedeutsam, dass die Menschen immer noch tief beeindruckt davon sind.

Schau, du wirst dich ja auch noch lange an die Oma erinnern. Später, wenn du groß bist und selber Kinder hast, dann wirst du ihnen sicher auch von der Oma erzählen. Auf diesem Wege wird die Oma noch lange in Erinnerung bleiben.

54

Und von Jesus Christus haben die Leute auch immer wieder erzählt?

Ja, sie haben immer wieder weitererzählt, dass er der Sohn Gottes ist und auf dieser Welt war. Viele Menschen hat das sehr gefreut. Sie haben angefangen, an Jesus Christus zu glauben und haben es auch weitererzählt. Immer mehr Menschen haben sich darüber gefreut und daran geglaubt, dass Gott einen Sohn hat und dass er ihn auf diese Erde geschickt hat. Dadurch wissen wir bis heute, dass es Jesus Christus gibt.

Warum glauben das denn nur die Christen und die anderen nicht?

Weißt du noch, wie wir sagten, dass die Menschen in Europa schon lange vor der Entdeckung Amerikas irgendwie geahnt oder gewusst haben, dass dort noch ein fernes Land ist?

Das war, weil hier in Europa im Ozean Dinge geschwommen sind, die nicht aus Europa stammen konnten.

Ja, genau. Jetzt stell dir einmal vor, es wäre ein Mensch aus Amerika herübergekommen und hätte erzählt, dass es dort hinter dem großen Meer ein Land gibt, von dem er zu uns gekommen ist. Viele hätten ihm das nicht geglaubt, sie hätten gedacht, er sei ein Schwindler.

Vielleicht hätten sie auch gedacht: „Warum kommt erst jetzt einer von dort drüben zu uns? Das hätte er ja schon längst einmal tun können."

Vielleicht haben sich die Menschen das ferne Land und die

anderen Menschen, die dort leben, in ihrer Phantasie auch ganz anders vorgestellt. Jetzt aber sähen sie einen Menschen aus dem anderen Land, der gar nicht so war, wie ihre Phantasie es wollte. Und so hätten sie vielleicht auch lieber geglaubt, dieser eine Mensch, der jetzt von drüben gekommen war, sei ein Lügner und Schwindler.

Die Menschen können oft nicht glauben, was sie selbst nicht für möglich halten.

Warum hätten sie ihm nicht geglaubt? Das behauptest du jetzt einfach, aber vielleicht hätten sie ihm doch geglaubt.

Ja, als Jesus Christus kam und sagte, er sei der Sohn Gottes, da haben ihm auch einige Menschen geglaubt. Am Anfang waren es nicht so viele, aber weil Jesus zu den Menschen immer ganz lieb war und weil er sie geheilt und getröstet hat, darum haben dann immer mehr an ihn geglaubt.

Aber es gab auch viele Menschen, die ihm nicht geglaubt haben, die gesagt haben, er sei ein Schwindler. Diese Menschen haben ihn für einen Verbrecher gehalten und zu einer schlimmen Strafe verurteilt.

Und so glauben manche Menschen auch heute noch, dass Jesus Christus ein Schwindler war und dass er gar nicht vom Himmel kommen konnte?

Ja, ungefähr so kann man sich das vorstellen. Aber es ist auch nicht so schlimm, wenn manche Menschen ihn für einen Schwindler halten, denn wir haben ja noch die anderen Spuren, die auch darauf hinweisen, dass es dieses Land gibt.

Deshalb findet man heute auch verschiedene Religionen: Die aber, die glauben, dass Christus der Sohn Gottes ist, der vom Himmel auf die Erde gekommen ist, die nennen sich „Christen". Andere glauben das nicht, sehen aber doch die Spuren, die auf den Himmel hinweisen.

Die Christen glauben also, dass Jesus Christus der Sohn Gottes ist und auf diese Welt gekommen ist, aber die anderen, die das nicht glauben, glauben die denn trotzdem an Gott?

Ja, es gibt sehr viele Menschen, die nicht glauben, dass Jesus Christus der Sohn Gottes ist, die aber an Gott glauben und auch danach leben. Diese Menschen sind daher keine Christen, aber sie glauben daran, dass Gott in dem fernen Land wohnt und dass dort alles gut ist.

Was die Juden und die Moslems
vom Tod denken

Wie nennt man denn diese Menschen, die keine Christen sind,
aber an Gott glauben?

Nun eigentlich zählt man zu den Religionen, die an Gott glauben - auch wenn sie Christus nicht als seinen Sohn anerkennen - die Juden und die Moslems.

Und die glauben auch, dass es ein Leben nach dem Tod gibt?

Ja, das glauben sie auch. Die Moslems beten Gott an, den lebendigen, barmherzigen und allmächtigen, den Schöpfer des Himmels und der Erde, der zu den Menschen gesprochen hat. Darin unterscheiden sie sich nicht von den Christen. Die Moslems bemühen sich, die Gedanken Gottes zu erkennen und sich mit ganzer Seele für Gott zu öffnen. Sie haben andere große Personen der Geschichte, von denen die Menschen auch immer sehr viel erzählt haben - wie von Jesus Christus -, weil sie so beeindruckend waren.

Was waren das denn für Menschen?

Die, die an Gott glauben, nennen solche großen Menschen „Propheten". Abraham war zum Beispiel solch ein Prophet. Er bedeutet den Moslems sehr viel, weil auch Abraham an Gott geglaubt und viele Dinge getan hat, die nur ein Mensch tut, der sehr stark an Gott glaubt.

Die Moslems verehren auch Jesus Christus als Propheten, aber sie glauben nicht, dass er Gottes Sohn war. Und sie erwarten auch den Tag des Gerichts, an dem Gott alle Menschen auferweckt. Deshalb legen sie Wert auf eine gute Lebensführung, vor allem durch Gebet, Almosen und Fasten.

Dann sind die Moslems ja gar nicht so ganz anders als die Christen.

Eigentlich nicht. Da es aber im Laufe der Jahrhunderte zu manchen Streitigkeiten und Feindschaften zwischen Christen und Moslems gekommen ist, haben die Menschen oft mehr auf die Unterschiede geschaut.

Warum hat es den Streitigkeiten gegeben, wenn es keine Unterschiede gibt?

Einige Unterschiede gibt es schon. Zunächst einmal waren die Christen auf die Moslems böse, weil sie Christus nicht als Sohn Gottes anerkannt haben. Aber es gibt auch noch andere Unterschiede, zum Beispiel hinsichtlich der Vorstellung vom Tod.

Man kann zunächst einmal grob sagen, dass es Menschen gibt, die an ein Weiterleben nach dem Tod glauben, und Menschen, die nicht daran glauben, jedenfalls nicht im Sinne eines persönlichen, individuellen Weiterlebens. Betrachten wir es so, dann gehören die Christen und die Moslems – übrigens auch die Juden, aber darüber reden wir später – zu denen, die an ein Weiterleben nach dem Tod glauben, und sie sind

59

sich auch, was die Vorstellungen von einem solchen Leben nach dem Tod betrifft, in vieler Hinsicht recht einig.

Aber sie sind sich zum Beispiel nicht darüber einig, wann dieses Leben beginnt. Einige glauben, es beginnt sofort mit dem Tod eines Menschen, andere glauben, dass der Mensch nach seinem Tod und seiner Beerdigung erst im Grab ruht, wie wenn er schläft, und dann später wieder aufgeweckt wird.

Und was glauben die Moslems, was nach dem Tod passiert?

Ganz grob gesagt glauben sie, dass der Mensch zunächst im Grab liegt und schläft, dass also die Seele und der Körper noch beieinander sind und sich erst langsam voneinander trennen.

Und die Christen?

Die glauben, dass die Trennung von Körper und Seele sofort nach dem Tod beginnt. Aber ganz einig sind sich die Christen dabei auch nicht. Und weil es darüber so viel Uneinigkeit gibt, kam es immer wieder zum Streit auch unter den Christen, zum Teil sogar zu Kriegen.

Aber wenn man sich eigentlich so einig ist, dann muss man doch nicht streiten.

So sehen das heute viele Menschen und das ist gut so. Man versucht stärker auf das zu schauen, was in den Religionen gemeinsam geglaubt wird. Wenn man sich noch mehr darum bemühen würde, gäbe es auch keinen Krieg und alle Gläubigen würden gemeinsam für Gerechtigkeit und für den Frieden und die Freiheit aller Menschen eintreten. Es ist vielleicht noch ein langer Weg, bis wir wirklich so weit sind, denn viele Wunden sind noch lange nicht verheilt, aber wenn wir immer daran denken, dass wir alle irgendwann vor Gott stehen und zu ihm kommen möchten, dann könnte es eines Tages möglich sein.

Das ist alles so kompliziert und sehr schwer zu verstehen. Ich finde es schlimm, dass es Streit gibt wegen Gott, denn wenn die Menschen, die an ein Weiterleben nach dem Tod glauben, zusammenhalten, dann wäre viel mehr Freude auf der Welt.

Ja, das ist völlig richtig. Aber die Menschen sind oft sehr rechthaberisch und sie können es nicht hinnehmen, wenn ein anderer Mensch etwas anderes glaubt als sie selbst. Sie wollen unbedingt Recht behalten und fangen dafür sogar Kriege an. Ein gläubiger Mensch aber sollte nicht Unfrieden stiften, sondern Frieden. Das gilt für die Christen genauso wie für die Moslems – deren Religion übrigens Islam genannt wird – und die Juden.

Dann sind die Juden auch „gläubig"?

Ja, selbstverständlich. Das Judentum ist die älteste Religion der Welt, die an einen Gott glaubt, der die Welt erschaffen hat und zu dem die Toten sich auf die Reise machen. Aber auch bei den Juden hat es viel Streit untereinander gegeben, denn auch sie stellen sich das Leben nach dem Tod nicht alle in derselben Weise vor.

Der Islam und das Christentum berühren sich beide mit dem

Judentum. Alle drei Religionen, das Christentum, das Judentum und der Islam, nennen Abraham den Vater ihres Glaubens.

Das Christentum ist eine Weiterentwicklung des Judentums, denn die Christen glauben – wie die Juden – an Gott, aber sie glauben eben auch, dass Jesus Christus der Sohn Gottes ist, der auf diese Welt gekommen ist.

Die Juden sehen in Christus ebenso wie die Moslems nur einen Propheten, nicht den Sohn Gottes.

Was ist denn eigentlich ein Prophet genau?

Prophet heißt eigentlich „Sprecher". Ein Prophet ist der Verkünder einer Botschaft von Gott und er hat diese Botschaft von Gott direkt bekommen.

Aber kann denn Gott, wenn er in einem fernen Land ist, trotzdem zu den Menschen sprechen und bestimmten Menschen Botschaften geben?

Eigentlich kennt jede Religion solche Propheten, also Menschen, zu denen Gott gesprochen hat und die den anderen Menschen eine Botschaft von Gott bringen sollen. Wenn die Menschen das immer so geglaubt haben, dann wird da schon etwas dran sein. Ich nehme also an, dass es das gibt, dass Gott zu einem Menschen spricht und möchte, dass dieser eine Botschaft von ihm an die anderen Menschen weitergibt.

Wie spricht Gott denn zu den Menschen?

Es gibt so etwas wie ein inneres Ohr, sozusagen ein Ohr, das am Herzen wächst. Mit diesem Ohr kann jeder Mensch in sich drinnen etwas hören, was er mit seinen normalen Ohren nicht hören kann. Man kann sagen, dass Propheten ganz sensible Ohren haben und damit auch Dinge hören, die andere Menschen mit ihrem inneren Ohr nicht hören können. Jeder Mensch aber kann ein Gespür für solche inneren Stimmen entwickeln. Man kann es lernen, auf diese inneren Stimmen zu hören.

Wie kann man es denn lernen, auf die inneren Stimmen zu hören?

Nun, die Erfahrung ist die, dass solche inneren Stimmen ganz, ganz leise sprechen. So muss man zunächst einmal sehr still werden. Erst wenn es völlig ruhig ist, dann kann man sozusagen mit diesem inneren Ohr in sich hineinhören und oft hört man dann auch solche Stimmen. Dieses Stillwerden und das Hören auf die innere Stimme gehören auch zum Beten. Beten heißt nicht nur, dass man mit Gott spricht, sondern es heißt auch, dass man versucht zu hören, ob Gott etwas antwortet.

Das kleine Fläschchen
mit ein paar Tropfen Gott

Wenn ich Gott ganz tief drinnen in meinem eigenen Herzen hören kann, gibt es ja noch viel mehr Spuren von Gott in dieser Welt.

Ja, es gibt viele Spuren von Gott, aber man muss sie sehen oder eben hören. Und man muss einem anderen Menschen, der eine solche Stimme ganz deutlich hört – wie zum Beispiel einem Propheten – auch glauben, dass es tatsächlich die Stimme Gottes ist, die er in seinem Herzen hört und anderen Menschen mitteilt.

Wenn wir vorhin gesagt haben, dass die Freude auch eine Botschaft von Gott ist, dann kann man das viel leichter glauben, als wenn ein Prophet die Stimme Gottes im Herzen hört und verkündet, weil ja jeder Mensch die Freude selbst kennt, aber nicht alle kennen die innere Stimme Gottes.

Wenn ein anderer Mensch eine Botschaft von Gott bekommt und diese weitererzählt, dann kann man das nicht überprüfen, sondern man muss ihm glauben.

Hat Jesus Christus auch eine Botschaft von Gott gebracht?

Ja, und deshalb ist er so gesehen auch ein Prophet, aber für die Christen ist er mehr als ein Prophet, nämlich der Sohn Gottes und damit selbst göttlich, während ein normaler Prophet nur ein Mensch ist, der eine Botschaft von Gott weitergibt.

O Gott, das ist alles so kompliziert.

Ich finde das auch alles kompliziert und ich glaube auch, dass es nur wenige Menschen auf der Welt gibt, die hier noch durchblicken. Viel wichtiger ist aber, dass wir auf die Gemeinsamkeiten schauen und dann wird alles schon viel einfacher. Ich fasse dir das noch einmal zusammen: Juden, Christen und Moslems glauben alle an ein Weiterleben nach dem Tod, obwohl sie darüber nicht ganz dieselben Vorstellungen haben. Ein kluger Mensch hat einmal gesagt: Das Judentum ist die Religion der Hoffnung, das Christentum die Religion der Liebe und der Islam die Religion des Glaubens.

Gibt es denn noch andere Religionen?

Ja, natürlich. Es gibt zum Beispiel den Hinduismus und den Buddhismus, aber die Vorstellungen, die die Hindus und die Buddhisten von Gott und dem Leben nach dem Tod haben, sind in vieler Hinsicht ganz anders als die der Christen, Moslems und Juden.

Und was haben die für Vorstellungen?

Im Hinduismus versuchen die Menschen dadurch zu Gott zu finden, dass sie sich von der Enge dieses Lebens befreien und von allen Abhängigkeiten von Dingen, die man eigentlich nicht braucht.

Für die Hindus ist Gott ganz weit weg und ein Mensch kann Gott eigentlich nicht spüren oder erkennen und der menschliche Geist hat nichts ersonnen, was Gottes würdig wäre. Für einen Hindu ist Gott eine Kraft, die in der ganzen Welt wohnt, und durch den Tod geht der Mensch in diese Kraft ein.

Und was ist mit dem Buddhismus?

Der Buddhismus ist dem Hinduismus sehr ähnlich. Beides sind Religionen, die sich im asiatischen Raum finden. Der Buddhismus geht auf seinen Gründer Buddha zurück. Alle Buddhisten sehen, dass diese Welt ungenügend ist, denn in ihr gibt es den Tod, der Mensch erfährt sein Leben in dieser veränderlichen Welt als leidvoll, begrenzt und vorläufig.

Der Mensch, so lehrt der Buddhismus, ist auf dem Wege und strebt durch dieses Leben einer Vollendung entgegen. Diese Vollendung ist eine Art „Erleuchtung". Im Gegensatz zum Hinduismus kennt der Buddhismus keinen Schöpfergott, der diese Welt gemacht hat.

Beide, der Hinduismus und der Buddhismus, bemühen sich aber auch, die Unruhe des menschlichen Herzens zu lindern, indem sie Wege zu Gott aufweisen und Lebensregeln aufstellen.

Glauben denn die Hindus und die Buddhisten auch an ein Leben nach dem Tod?

In gewisser Weise schon, aber anders als die Christen. Gehen wir noch einmal ganz an den Anfang zurück: Die Oma ist gestorben. Nun ist sie, wie wir gesagt haben, auf einer Reise in den Himmel unterwegs oder sagen wir vielleicht besser: Ihre

Seele ist nun unterwegs. Aber es ist eben die Seele von unserer Oma, von deiner Großmutter und meiner Mutter. Irgendwie ist sie auch nach dem Tod noch diese Frau, so, wie wir sie gekannt haben. Bis hierhin würden das im Prinzip auch die Juden und die Moslems so sehen.

Die Buddhisten und die Hindus würden jedoch glauben, dass die Oma jetzt nicht mehr unsere Oma ist, jener Mensch, den wir beide gekannt und geliebt haben, sondern dass ihr Geist in den Geist Gottes eingegangen ist.

Du kannst dir das so vorstellen: Jeder Mensch ist wie ein kleines Fläschchen, in dem ein paar Tropfen von Gott sind. Die Juden, die Christen und die Moslems glauben nun, dass wir dieses Fläschchen mit auf die Reise nehmen und dass es im Himmel dann ganz angefüllt wird und zu den paar Tropfen nun noch so viel hinzukommt, dass das Fläschchen ganz voll ist.

Für die Hindus und die Buddhisten stellt sich das anders dar: Für sie wird mit dem Tod dieses Fläschchen aufgemacht und der Inhalt in einen großen See, von dem dieses Wasser ursprünglich stammt, zurückgeschüttet. Das Fläschchen wird dann weggeworfen, es hat ja jetzt keine Bedeutung mehr.

Damit ist gemeint: Die Seele eines verstorbenen Menschen geht nach der Auffassung der Buddhisten und Hindus nach dem Tod in die große Gott-Seele ein, von der sie gemacht wurde.

Es gibt aber noch eine andere Auffassung, denn diese beiden Religionen sind Lehren, die sich sehr langsam - wie ein Schneeball - aufgebaut haben. Nach dieser anderen Auffassung trennt sich die Seele vom Körper und geht dann wieder in einen anderen Körper ein. Man nennt das „Reinkarnation".

Von Menschen, Tieren und Seelen, die wandern können

Was bedeutet „Reinkarnation"?

Die Lehre des Buddhismus und des Hinduismus ist sehr vielfältig. Ich kann dir diese Frage auf die Schnelle nur ganz allgemein beantworten.

Es gibt in diesen Religionen eine starke Richtung, die glaubt, dass ein Mensch, der stirbt, in einem anderen Lebewesen wieder geboren wird.

Reinkarnation ist lateinisch und heißt ganz wörtlich: „Wieder-Fleischwerdung". Damit ist genau diese Vorstellung gemeint, nämlich dass die Seele des Menschen sich wieder mit Fleisch zusammentut, entweder mit dem Fleisch von einem anderen Menschen oder aber auch mit dem Fleisch von einem Tier. So wandert die Seele immer durch verschiedene Körper, bis eines Tages diese Welt zu Ende ist und dann alle Seelen sich in die Seele Gottes ergießen wie ein Fläschchen Wasser in den Ozean.

Ist das nicht furchtbar, wenn ein Mensch nach dem Tod mit einem Mal in einem Tier weiterlebt?

Es ist nicht so, dass die menschliche Seele, die in einem Tier weiterlebt, sich dessen bewusst ist. Wir können uns das alles nur ganz wenig vorstellen, weil wir mit ganz anderen Vorstellungen groß geworden sind. Für einen, der mit diesem Glauben aufgewachsen ist, ist das ganz normal.

Glauben die denn, dass ein Mensch immer ein Tier wird?

Nein, er kann nach dem Tod auch zu einem anderen Menschen werden. Die Reinkarnation kann man sich wie eine Metallfeder vorstellen, bei der es in Kreisbewegungen von unten nach oben geht. Die Buddhisten glauben, dass irgendwann dieser Kreislauf der Seelenwanderung beginnt, so, wie eine Feder ganz unten anfängt. Dann bewegt sich die Seele langsam immer höher. Immer wenn man einmal um die Feder herum ist, wenn also eine Kreisbewegung abgeschlossen ist, dann stirbt das Lebewesen und seine Seele kehrt in ein anderes Lebewesen ein. Jede Kreisbewegung endet und beginnt mit dem Tod.

So lebt eine Seele zunächst in einem niedrigen Lebewesen, einer Pflanze, geht dann über in verschiedene Tierkörper und schließlich wird die Seele ein Mensch und immer wieder ein Mensch, bis sie die Vollendung erreicht hat. Manchmal kommt aber auch eine Menschenseele als Tier wieder, weil der Mensch sehr schlecht war.

Das kann ich mir gar nicht vorstellen.

Nun, ein Mensch, der an die Reinkarnationslehre glaubt, der also glaubt, dass die Seele nach dem Tod in einem anderen Körper und Lebewesen wiederkehrt, der kann sich wiederum kaum vorstellen, wie die Juden, die Moslems oder die Christen sich den Weg der Seele zu Gott denken. Jemand, der an die Reinkarnationslehre glaubt, der hat ja nie etwas anderes gehört, er kennt nur Menschen, die genauso denken, alle Vorfahren haben so gedacht und vermutlich alle, die nach ihm kommen, werden so denken. Wahrscheinlich würdest du dir die Reinkarnation durchaus vorstellen können, wenn du damit groß geworden wärst.

Aber ich gebe zu, dass es in der Tat sehr schwierig ist, sich das vorzustellen. Wir leben eben in einem Umfeld, in dem die Lehre von der Seele immer ganz anders war.

Und wer hat nun Recht: die Menschen, die glauben, dass die Seele immer wieder geboren wird, oder die, die glauben, dass sie sich auf den Weg zu Gott macht?

Jetzt stellst du genau die Frage, die so oft im Laufe der Geschichte zu Streit und Auseinandersetzungen geführt hat, weil jeder meinte, nur er hätte Recht. Es geht aber vielleicht gar nicht darum, wer Recht hat. Allenfalls geht es darum, welche Vorstellung dem Menschen mehr entspricht.

Und welche ist das?

Das hängt eben genau davon ab, wo und mit welchen Vorstellungen ein Mensch groß geworden ist.

Ich selbst fände den Gedanken nicht sehr tröstlich, dass die Oma jetzt nicht mehr die Oma ist, sondern in einen großen Geist eingeht, der die Welt erschaffen hat. Mich tröstet es sehr, dass die Oma auch nach ihrem Tod noch die Oma ist, mich tröstet auch, dass ich nach

71

meinem Tod noch ich selbst bin und dass du es auch sein wirst.

Aber sicher hängt das auch damit zusammen, dass ich so erzogen bin, dass ich so zu denken gewohnt bin, weil ich von vielen Menschen umgeben bin, die auch so denken und immer so gedacht haben.

Das Leben vor dem Tod

Wenn alle Menschen nach dem Tod weiterleben, dann haben es doch die Menschen leichter, die nicht an Gott glauben.

Wie kommst du denn auf diesen Gedanken?

Schau, wenn sie nicht an Gott glauben, dann müssen sie sich auch nicht an die Gebote halten und kommen trotzdem in den Himmel.

Du bist ganz schön schlau.

Es gab eine Zeit, da haben die Menschen tatsächlich so gedacht und sie haben auch so gelebt. Das heißt, sie haben sich – obwohl sie schon viel von Gott gehört hatten und eigentlich auch glaubten, dass es Gott gibt – erst ganz spät wirklich zu diesem Glauben bekannt. Manche haben sich erst auf dem Sterbebett taufen lassen, weil sie dachten, dass sie dann nicht mehr sündigen könnten und sofort nach dem Tod in den Himmel kämen. Aber einem solchen Verhalten liegt eine ganz falsche Vorstellung von dem zugrunde, was es heißt, mit Gott zu leben. Die Religion besteht ja nicht nur aus Geboten, sondern kann einen Menschen auch sehr frei machen und sehr viel Freude schenken.

Vor allen Dingen hat derjenige, der glaubt und mit Gott lebt, schon sein ganzes Leben lang die Freude – besser gesagt die Vorfreude –, dass alles Gute auch nach dem Tod bleibt.

Kannst du mir das noch einmal erklären?

Schau, dein Gedanke ist ja eigentlich sehr raffiniert. Du sagst: Wenn man nach dem Tod ohnehin zu Gott kommt, dann braucht man ihn ja auch auf der Erde noch gar nicht zu kennen. Du meinst damit natürlich, dass man es in solch einem Fall leichter hat, denn man braucht nicht zu beten, man braucht nicht in die Kirche zu gehen und man braucht sich nicht nach den Geboten Gottes zu richten, denn man kommt ja nach dem Tod sowieso zu ihm.

Du hast mit diesem Gedanken nicht ganz Unrecht, weil man nach dem Tod eben zu ihm kommt, so oder so.

Aber wenn man es so betrachtet, dann sieht man nur die eine Seite der Medaille. Denn das Leben hier auf der Erde ist sehr viel schöner, wenn man Gott schon kennt und wenn man ihm nachfolgt. Gott ist ja nicht ein strenger Gott, der uns Böses tun will, sondern wir glauben, dass er dazu beitragen möchte, unser Leben ganz schön zu machen. Deshalb sagen die Christen auch: Gott ist die Liebe.

Wer Gott also nicht kennt, der verzichtet auch auf sehr viel Freude, die er im Leben haben könnte, und er verzichtet natürlich auch auf sehr viel Liebe.

Man kann schon hier auf der Erde anfangen, Gott kennen zu lernen, und je besser man ihn hier schon kennt – durch die Spuren, in denen er sich finden lässt –, umso näher ist man auch an seiner Liebe. Ich glaube, dass das Leben viel schöner ist, wenn man Gott kennt und mit seiner Liebe in diesem Leben lebt. Wenn man sich erst angesichts des eigenen Todes zu ihm wendet, dann ist er einem noch sehr fremd und man hat dann – so glauben wir Christen – nach dem Tod eine

viel längere Reise vor sich, weil man
Gott ja erst kennen lernen muss.

*So ganz habe ich das immer noch nicht
verstanden, kannst du mir mal ein Beispiel
geben?*

Es gibt Dinge, die man nicht vermisst, solange
man sie nicht hat, auf die man aber nicht mehr
verzichten möchte, wenn man sie einmal hatte. Ich versuche
es einmal mit einem Bild. Du hast doch ein Fahrrad …

*Ja, und damit fahre ich auch sehr gerne, ich kann mir gar
nicht vorstellen, wie es ohne Fahrrad wäre.*

Aber als du noch nicht Fahrradfahren konntest, da hast du
das Rad auch nicht vermisst. Jetzt aber, wo du mit dem Fahrrad fahren kannst, fährst du lieber mit dem Rad zur Schule
und gehst kaum noch zu Fuß. Du würdest das Rad vermissen, wenn du es nicht mehr hättest.

So ähnlich ist das auch mit Gott: Viele Menschen vermissen
ihn nicht in ihrem Leben, weil sie gar nicht wissen, wie schön
das Leben mit Gott sein kann.

Warum ist denn das Leben mit Gott so schön?

Gerade mit Blick auf den Tod kann es sehr beruhigen, wenn
man davon ausgeht, dass dieses Leben hier auf der Erde nur
der Anfang ist.

Stell dir einmal einen Menschen vor, der nicht an Gott glaubt.
Für den wird das Leben hier wirklich anstrengend, denn er
kann sich nie damit trösten, dass es ja ein ewiges Leben gibt.

Er muss hier auf der Erde ständig alles genießen und so viel mitnehmen, wie er kann, denn ein „später" gibt es ja für ihn nicht. Für einen Menschen, der nicht an ein Weiterleben nach dem Tod glaubt, gibt es in diesem Leben sehr viel Stress, denn er muss möglichst viel erleben. Er hetzt von einem Erlebnis zum nächsten. Wenn er aber irgendwo ist, dann kann er nicht anderswo sein. Vielleicht fragt er sich dann, ob es nicht anderswo schöner ist, dann hetzt er wieder los – und so weiter. Ein Mensch, der nicht an ein Weiterleben nach dem Tod glaubt, ist ein sehr gehetzter Mensch, er kann gar nicht gelassen sein, weil er ja ständig unter dem Druck steht, möglichst viel zu erleben. Wirkliche Freude kann da eigentlich nicht aufkommen, denn wenn man weiß, dass alles irgendwann ein Ende hat, dann kann man noch so viel erleben und ist schließlich doch ein ganz trauriger und armer Mensch. Ich kenne solche Menschen und du wirst sie wahrscheinlich, wenn du groß bist, auch noch kennen lernen.

Aber es kann doch auch sein, dass man ständig an das Leben nach dem Tod denkt und deshalb hier auf der Erde keine Freude mehr am Leben hat.

Ja, solche Menschen gibt es auch.

Vielen Menschen, denen es auf dieser Erde schlecht geht, bleibt aber gar nichts anderes übrig, als zu hoffen, dass es im Ewigen Leben, also in dem Leben, das nach dem Tod kommt, besser wird.

Aber wir haben ja vorhin schon gesagt, dass das Leben vor dem Tod und das Leben nach dem Tod nicht für sich allein stehen, sondern eng zusammenhängen. Der Tod ist nur eine andere Stufe, man wechselt sozusagen auf dem Weg in den Himmel das „Fahrzeug".

Für Menschen, denen es schlecht geht, ist es ein Trost zu wissen, dass nach dem Tod alles besser wird. Aber wir müssen auch daran mitwirken, dass es schon hier auf der Erde allen Menschen gut geht, weil wir glauben, dass Gott alle Menschen geschaffen hat und weil – um noch einmal auf unser Bild von vorhin zurückzukommen – ein paar Tropfen von Gott in jedem Menschen sind.

Irgendwie finde ich das alles recht schwierig.

Der Glaube an Gott ist an sich eigentlich nicht schwierig. Irgendein Kirchenlehrer hat einmal gesagt: Alles Große ist einfach. Das gilt auch für Gott. Vieles wirkt auf dich auch schwierig, weil du es zum ersten Mal hörst.

Ich will es dir einmal mit einem einfachen Satz sagen, der aber für dein ganzes Leben sehr wichtig ist: Wenn wir glauben, dass es ein Leben nach dem Tod gibt, dann glauben wir auch, dass es ein Leben vor dem Tod gibt.

Ja, aber dass es ein Leben vor dem Tod gibt, ist doch klar.

Ich meine mit dem Satz „Es gibt auch ein Leben vor dem Tod", dass auch dieses Leben – dein Leben und mein Leben und das Leben aller anderen Menschen – nicht trüb und traurig sein muss, nur weil wir wissen, dass wir einmal sterben werden. Gerade weil wir wissen, dass unser Leben einmal ein Ende hat, haben wir auch ein Ziel vor Augen. Durch dieses Ziel wird unser Leben erst schön, denn ohne solch ein Ziel würde man hier auf der Erde ja nur herumirren. Kein Mensch würde doch auf die Straße gehen und einen anderen Menschen fragen: „Entschuldigen Sie, können Sie mir vielleicht sagen, wo ich hin will?" – Das wäre doch vollkommener Blödsinn. Man kann aber durchaus nach dem Weg fragen, wenn man das Ziel kennt. So kann man in einer fremden Stadt einen anderen Menschen fragen: „Entschuldigen Sie, können Sie mir sagen, wo es zum Bahnhof geht?" Erst wenn man das Ziel kennt, kann man nach dem Weg fragen. So ist das auch mit dem Leben: Wenn wir das Ziel des Lebens kennen, den Tod und das Leben nach dem Tod, dann können wir auch sehen, wie wir dieses Ziel erreichen.

Wenn ich sage, dass es auch ein Leben vor dem Tod gibt, dann meine ich, dass der Tod unser Leben nicht gering oder ängstlich machen muss, selbst wenn wir alle etwas Angst vor dem Tod haben. Andererseits nämlich bekommt erst durch das Wissen um den Tod unser Leben Richtung. Und erst wenn es Richtung und Ziel hat, dann kann es auch ein schönes, großes, freies und selbst bestimmtes Leben sein, das voller Freude ist.

Aber es gibt doch immer auch Menschen, die gar nicht an Gott glauben wollen und die denken, dass mit dem Tod alles aus 0und vorbei ist. Wie kommen die denn zu Gott?

Jeder Mensch – das glauben wir jedenfalls – bekommt im Moment seines Todes von Gott noch einmal endgültig die Frage gestellt, ob er glauben möchte oder nicht. Er kann diese Frage in seinem Inneren, mit dem Ohr des Herzens, hören. Und Gott wartet auf die Antwort, die der Mensch gibt.

Für uns ist es besser, wenn wir diese Frage schon vor unserem Tod beantworten, aber es gibt ja auch Menschen, die von Gott noch nie etwas gehört haben und dafür nichts können, dass sie ihn gar nicht kennen.

Und wie stellt Gott diesen Menschen nach dem Tod die Frage, ob sie glauben wollen?

Das wissen wir nicht, wir hoffen vielmehr, dass es so ist, damit jeder, der in seinem Leben nicht an Gott geglaubt hat, auch noch zu ihm in den Himmel kommen kann.

Aber die Reise dorthin wird dann sehr lang.

Ja, das wird sie wohl und das ist einer der Gründe, warum es schön ist, wenn wir schon vor dem Tod mit Gott leben, weil wir dann nach dem Tod nicht mehr so eine weite Strecke zurücklegen müssen, bis wir ganz nahe bei ihm sind.

Von Menschen,
die einfach die Tür zuhalten

Aber wenn ein Mensch auch nach dem Tod nicht an Gott glauben will, was ist denn dann?

Ein englischer Schriftsteller hat einmal gesagt, dass die Pforten der Hölle von innen zu sind, das heißt: Dort sind Menschen, die einfach nicht heraus wollen. Dieses Bild drückt sehr gut aus, was wir uns unter der Hölle vorzustellen haben. In der Hölle sind die Menschen, die einfach nicht zu Gott kommen wollen. Sie halten die Tür zu ihrem Herzen geschlossen, so dass er nicht eintreten kann. Wir glauben, dass selbst Gott dagegen nichts machen kann.

Was ist denn die Hölle?

Die Hölle ist genau dieser Zustand, dass ein Mensch einfach nicht zu Gott kommen will. Ein bisschen gibt es das ja auch schon vor dem Tod: Wenn ein Mensch nicht lieb sein will, wenn er einfach bewusst böse und zornig ist, dann kann ihm keiner helfen. Man kann zwar gut auf ihn einreden, man kann ihm zeigen und sagen, dass man sich freuen würde, wenn er nicht mehr böse ist, aber keine Macht der Welt kann einen anderen Menschen dazu zwingen, nicht böse zu sein.

Als du noch kleiner warst, warst du auch schon einmal so zornig auf mich, dass du mich richtig geschlagen hast, als ich dich trösten wollte. Ich wollte dich in den Arm nehmen und nett zu dir sein und du hast dich in deinem Zorn dagegen gewehrt.

So ist das auch nach dem Tod: Vielleicht gibt es Menschen, die Gott trösten möchte, die aber von ihm einfach nichts wissen wollen, ja die immer noch böser werden, je mehr Gott versucht, sich ihnen zu nähern.

Und die sind dann in der Hölle?

So kann man das sagen. Aber wohlgemerkt: Die Hölle ist ein Zustand, in dem die Menschen Gott einfach nicht an sich heranlassen wollen. Die Menschen sind verzweifelt, sie sind zornig und haben Angst, aber sie wollen sich von niemandem trösten lassen. Das ist sehr schlimm. Wir glauben, dass Gott, wenn ein Mensch stirbt, an sein Herz klopft, um im Moment des Todes schon bei dem Menschen zu sein. Aber auch Gott kann nur anklopfen. Wenn die Menschen die Tür zuhalten, dann kann er nichts dagegen tun.

Wenn selbst Gott dagegen nichts tun kann, dann ist er doch kein Gott. Gott kann alles.

Ja, Gott kann alles. Oder sagen wir es genauer: Er könnte alles. Aber es gehört nach unserem Glauben auch dazu, dass er seiner eigenen Allmacht Grenzen gesetzt hat. Er verzichtet sozusagen darauf, gegenüber dem Menschen alles zu tun, was er könnte. Er lässt dem Menschen seine Freiheit.

Das ist aber sehr lieb von ihm.

Damit triffst du genau den Punkt, denn in der Tat geht es Gott um die Liebe. Aber wenn es ihm um die Liebe geht, dann muss er den Menschen auch frei lassen. Ohne Freiheit gibt es keine Liebe. Schau, du hast die Mama und mich ja auch lieb, aber wir können dich nicht zwingen, uns zu lieben. Wir können zu dir nur so sein, dass du uns freiwillig, von deinem eigenen Herzen her, liebt hast.

Auch darin erkennen wir eine der Spuren Gottes, von denen wir ja jetzt schon ganz schön viele gesehen haben. Gott möchte, dass die Menschen ihn freiwillig lieben. Wenn sie ihn aber nicht lieben, dann kann er selbst nichts dagegen tun. Es widerspricht nicht der Allmacht Gottes, wenn er sich selbst um der Liebe willen Grenzen schafft.

Glaubst du, dass es solche Menschen gibt, die auch nach dem Tod nichts mit Gott zu tun haben wollen?

Ich hoffe, dass es solche Menschen nicht gibt und dass jeder Mensch nach dem Tod zu Gott findet. Aber ich glaube auch, dass es die Möglichkeit gibt, sich vor Gott zu verschließen. Schon in diesem Leben wehrt sich ein Mensch oft genau gegen das, was gut für ihn wäre, obwohl er es eigentlich weiß. Bedenke einmal, wie schwer für dich schon das Zähneputzen am Abend ist, obwohl du genau weißt, dass es gut für die Zähne ist, wenn du sie putzt.

Aber es macht mir keinen Spaß!

Es geht im Leben nicht immer darum, dass etwas Spaß macht, sondern vor allen Dingen darum, dass etwas sinnvoll ist. Auf Dauer aber wird alles, was sinnvoll ist, den Menschen auch zur Freude führen. So gesehen ist es eben sinnvoll, an Gott zu glauben, denn wir haben dadurch in diesem Leben schon die Freude darauf, dass es nach dem Tod weitergeht.

Schau, der Oma muss Gott gar nicht noch einmal anbieten, an ihn zu glauben, denn das hat sie ja schon vor ihrem Tod getan. Jetzt muss sie nur noch die Reise zu ihm unternehmen.

Also kommt die Oma nicht in die Hölle, weil sie an Gott geglaubt hat?

Ich glaube, entscheidend ist nicht so sehr die Tatsache, dass sie an Gott geglaubt hat, sondern die Tatsache, dass sie immer offen für ihn war. So glaube ich auch, dass die Oma ihm nicht die Tür zuhält, wenn er bei ihr anklopft. Aber Gott muss bei der Oma wohl nicht einmal anklopfen, weil sie die Tür ja schon für ihn offen hält. Er kann gewissermaßen einfach eintreten.

Hat Gott denn die Oma die ganze Zeit über beobachtet.

Nun, ob er sie beobachtet hat, das ist schwer zu sagen, aber wir glauben schon, dass Gott alles sieht, obwohl wir es vielleicht manchmal ganz gerne hätten, wenn er wegschauen würde.

Das letzte Mal, als ich ganz böse mit dir war, da hätte ich es auch gerne gehabt, dass Gott weggeschaut hätte.

Siehst du, aber du hast dich hinterher in den Arm nehmen und trösten lassen. Die Menschen aber, die auch nach ihrem Tod Gott nicht an sich heranlassen, die schämen sich und können es einfach nicht zulassen, dass er gut zu ihnen ist und ihnen vergibt. Sie möchten, dass er sie in Ruhe lässt. Solche Menschen bleiben lieber böse und zornig, als dass sie sich von ihm in den Arm nehmen und die Vergebung schenken lassen.

Wenn die Menschen sich absondern

Was soll er ihnen denn genau vergeben?

Wir Menschen tun viele Dinge, die nicht gut sind. Manchmal wissen wir es, ein anderes Mal merken wir es erst später und manchmal wissen wir gar nicht, dass wir etwas Böses tun. Vielleicht möchten wir gut sein, aber trotzdem gelingt es nicht immer.

Alle religiösen Menschen gehen davon aus, dass wir dann, wenn wir nicht gut sind, Gott für kurze Zeit vergessen und nicht daran denken, dass er sieht, wie lieblos wir sind.

Gott muss also den Menschen vergeben, dass sie ihn manchmal vergessen.

Wenn die Menschen Gott vergessen, dann sondern sie sich ab. Für das heutige Wort absondern gibt es ein altes Wort, das die Christen – aber auch andere Religionen – gerne verwenden. Es heißt Sünde.

Sünde bedeutet also, dass ein Mensch sich von Gott absondert?

Ja, genau. Hier auf der Erde vergessen wir Gott manchmal oder wir wollen einfach, dass er nicht hinschaut, wenn wir etwas Böses tun.

Nach diesem Leben, also im Moment des Sterbens, bekommt jeder Mensch noch einmal von Gott angeboten, an ihn zu glauben und sich alle Absonderung – das heißt alle „Sünde" – von ihm verzeihen zu lassen. Wir sagen dann: Gott hat dem Menschen die Sünde vergeben, er hat ihm also vergeben, dass er sich abgesondert hat.

Wenn allerdings ein Mensch auch nach dem Tod dieses Angebot Gottes nicht annimmt, dann bleibt er in der Absonderung, also in der Sünde. Er lässt – wie wir eben gesagt haben – Gott nicht an sich herankommen. Das wäre dann die Todsünde, eine Sünde, die wir auch nach dem Tod nicht ablegen und die uns für immer von Gott trennt. Gott ist zwar immer gut und bereit zu vergeben, aber er kann nur demjenigen die Sünden vergeben, der ihn kennt und der ihn an sich heranlässt. Darum ist es gut, ihn schon in diesem Leben zu kennen und ihm die Türen so weit wie möglich zu öffnen.

Die Sache mit den Turnschuhen

Was muss man denn tun, um Gott zu kennen?

Alle Religionen nennen den Kontakt zu Gott „Gebet". Beten heißt – ganz allgemein gesagt – mit Gott sprechen.

Gestern Abend aber hat die Mama gesagt, wir wollen für die Oma beten, das hat auch der Pfarrer in der Kirche gesagt. Kann man denn für einen anderen Menschen mit Gott sprechen?

Das ist wieder eine ganz schwierige Frage.

Zunächst einmal gibt es ja auch vor dem Tod so etwas wie Fürsprache, das heißt, dass man für einen anderen Menschen etwas erbittet.

Vorige Woche hast du mich gefragt, ob ich die Mama bitten kann, mit dir Turnschuhe zu kaufen. Da habe ich sozusagen für dich Fürbitte bei der Mama eingelegt.

Und wenn ich zu Gott bete, dass er die Oma gut aufnimmt, dann leiste ich Fürbitte für die Oma?

Ja, ganz genau, dann bittest du Gott, dass er die Oma aufnimmt, wenn sie die Reise beendet hat.

Das Gebet für die Toten hat aber auch noch eine andere Bedeutung.

Schau, wir haben gesagt, dass sich die Toten auf eine Reise zu Gott machen. Gott ist das Ziel dieser Reise. Woher sollen aber die Toten wissen, welchen Weg sie gehen sollen.

Gibt es denn für die Reise zu Gott mehrere Wege?

Ja, es gibt ganz viele Wege, wie man nach dem Tod zu Gott kommt. Eigentlich gibt es so viele Wege wie Menschen, denn jeder muss seinen eigenen Weg zu Gott finden.

Und was hat das mit dem Gebet für die Verstorbenen zu tun?

Nun, du kannst dir das so vorstellen: Jedes Gebet ist wie eine Straßenlaterne oder wie eine Kerze, die wir aufstellen. Wenn der Weg beleuchtet ist, dann kann man ihn viel leichter finden, man kann ihn schneller gehen und man weicht nicht vom Wege ab. Durch unser Gebet stellen wir gewissermaßen den Verstorbenen eine Lichterkette auf, an der sie entlanglaufen können.

Aber das ist jetzt auch wieder nur ein Bild, wie man sich in etwa die Wirkung des Gebets für Verstorbene vorstellen kann. Das Gebet für die Toten hat also mehrere Bedeutungen: Es ist einmal eine Fürbitte an Gott und es hilft zugleich auch den Verstorbenen, auf dem Weg zu Gott voranzukommen.

In der Kirche haben wir auch dafür gebetet, dass der liebe
Gott der Oma die Sünden vergibt. Geht das auch?

Das ist eigentlich dasselbe. Wir bitten Gott, dass er der Oma jede Absonderung von ihm vergibt, und wir glauben, dass Gott das hört, und weil er uns liebt, unsere Bitten dann auch erfüllt. Genauso ist die Mama in der vergangenen Woche auch mit dir Turnschuhe kaufen gegangen, obwohl sie eigentlich gesagt hatte, dass du zur Strafe keine bekommst. Ich habe für dich Fürbitte eingelegt bei der Mama, und weil sie mich liebt und auch dich liebt, hat sie schließlich doch mit dir Turnschuhe gekauft.

Was ist denn, wenn die Oma nun im Himmel Menschen trifft, die sie nicht leiden kann.

Das kann es nicht geben, denn im Himmel ist alles gut. Wenn es dort noch Hass geben würde oder Ablehnung, dann wäre es ja nicht der Himmel. Die Menschen, die dort sind, die sind auf ihrer Reise alle so gut geworden, dass sie sich mit allen anderen, die auch dort sind, gut verstehen, auch wenn es auf der Erde nicht der Fall war.

Du siehst also, dass nicht nur Gott den Menschen Sünden vergeben muss, sondern dass auch die Menschen einander vergeben müssen. Erst wenn ein Mensch so viel Frieden in sich hat, dass er mit keinem anderen Menschen mehr im Streit ist und es mit jedem anderen Menschen aushält, dann ist er dazu fähig, in den Himmel zu kommen.

Ich glaube, dass die Oma das kann und dass sie schon im Himmel ist.

Das darfst du ruhig glauben, vielleicht stimmt es auch. Aber wir müssen zugleich zugeben, dass wir es zwar gerne hätten, wenn die Oma schon bei Gott wäre, dass wir es aber nicht ganz genau wissen. Darum beten wir ja auch weiterhin für sie und können ihr so helfen, dass sie Gott ganz in ihr Herz lässt - noch viel mehr, als es hier auf Erden möglich war - und dass sie ganz bald schon im Himmel ist.

Nach all dem, was wir bisher gesagt haben, könnte man das so formulieren: Ich glaube, dass die Oma auf ihrer Reise zu

Gott schon ganz weit gekommen ist und dass sie Gott schon sehr nahe ist. Ob die Reise allerdings schon abgeschlossen ist, das wissen wir nicht genau. Dafür gibt es auch keine Spuren hier auf der Erde. Das müssen wir glauben.

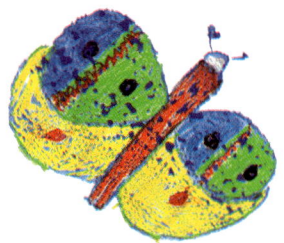

Warum wir nicht mehr im Paradies leben

Eines verstehe ich überhaupt nicht: Warum gibt es denn überhaupt den Tod, wenn Gott, der alles geschaffen hat, doch so gut ist?

Wir glauben, dass Gott am Anfang den Tod nicht gewollt hat. Er hat die Erde und den Menschen gut geschaffen und sie sollten nicht sterben. Aber leider kam es dann doch anders.

Warum kam es denn anders, wenn Gott den Tod eigentlich nicht wollte?

Darüber können wir einerseits nur Vermutungen anstellen, andererseits hat Jesus Christus uns dazu auch etwas gesagt, als er hier auf der Erde war. Ganz einfach geantwortet glauben wir, dass Gott das „Paradies" geschaffen hat und dass er in diesem Paradies Menschen geschaffen hat, die nie sterben sollten. Diese Menschen aber haben sich gegen Gott gewandt, sie haben sich von ihm abgesondert.

Also haben sie gesündigt?

Ja, die ersten Menschen, die Gott geschaffen hat, die haben gesündigt. Sie wollten selber sein wie Gott, sie wollten nicht seine Geschöpfe und ihm unterlegen sein. Und dann war es passiert: Der Tod kam ins Paradies.

Aber warum hat Gott die Menschen so geschaffen, dass sie selber sein wollten wie er?

Gott hat den Menschen – das haben wir ja eben schon gesagt – frei geschaffen. Die Freiheit unterscheidet ja den Menschen vom Tier. Im Paradies waren auch Tiere, aber ganz am Schluss hat Gott auch Menschen geschaffen, Menschen, die ganz frei waren.

Wozu ist denn die Freiheit wichtig?

Ohne Freiheit gibt es keine Liebe. Ein Tier kann so gesehen einen Menschen nicht lieben, es kann höchstens sehr an einem Menschen hängen, aber ein Tier ist nicht frei zu lieben. Ein Mensch hingegen schon: Er kann lieben, wen er will. Gott hat den Menschen im Paradies so frei geschaffen, damit er ihn liebt und damit durch die Liebe viel Freude im Menschen ist.

Die Freiheit war sozusagen das „Risiko", das Gott mit der Erschaffung des Menschen eingegangen ist.

Was meinst du denn mit „Risiko" genau? Dass der Mensch Gott nicht so liebt, wie er eigentlich soll?

Ja, und als Folge dieser wenigen Liebe, die die Menschen im Paradies Gott entgegengebracht haben, kam der Tod in die Welt.

Ist der Tod dann eine Strafe Gottes?

Nein, eigentlich nicht, er ist die Folge dessen, was die Menschen getan haben. Eine Folge ist etwas anderes als eine Strafe. Wenn du zum Beispiel aus Wut etwas kaputtmachst, dann kannst du es später nicht mehr gebrauchen, auch wenn du nicht mehr wütend bist. Die Folge deiner Wut ist aber, dass die Sache kaputt ist.

So gibt es viele Dinge im Leben, die eine Folge haben. Wenn du zum Beispiel die Hausaufgaben nicht machst, dann lernst du weniger und schreibst eine schlechte Arbeit. Die schlechte Arbeit ist dann die Folge davon, dass du die Hausaufgaben nicht gemacht hast. Aber eigentlich ist es keine Strafe.

Eine Strafe hat immer den Sinn, dass der Mensch sich bessert, dass er zur Besinnung kommt und etwas Schlechtes oder Böses in Zukunft nicht mehr tut.

Haben die Menschen im Paradies auch gewusst, was die Folgen sind?

Wir wissen ja nicht viel über das Paradies. Es gibt nur ein paar alte Texte in der Bibel, wo etwas darüber aufgeschrieben ist. Aber dort heißt es, dass Gott dem Menschen gesagt hat, welche Folgen seine Taten haben werden.

Wenn ich es mit eigenen Worten ausdrücke, dann hat er ihnen in etwa gesagt: Ich gebe euch etwas Besonderes. Als einzigen Lebewesen gebe ich euch die Freiheit. Wenn ihr sie dazu nutzt, mich zu lieben, dann wird es euch sehr gut gehen. Wenn ihr lieber eure eigenen Wege gehen wollt, muss euch klar sein, dass der Tod zu euch kommt.

Die Menschen sind lieber ihre eigenen Wege gegangen und seitdem gibt es den Tod. Gott hat das nicht gewollt, aber er hat den Tod infolge der Freiheit der Menschen in Kauf genommen.

*Ist Gott denn den Menschen böse, dass sie im Paradies ihre
eigenen Wege gegangen sind?*

Nein, das nicht. Gott ist gütig und er hat sofort, als sie
anfingen, ihre eigenen Wege zu gehen, versucht, bei ihnen
zu bleiben. Aber dass der Tod in die Welt kam, das konnte
er nicht mehr verhindern, denn er hatte es ihnen ja ange-
droht.

Das verspielte Haus

Also straft Gott nicht, sondern er droht?

Ja, wenn man „drohen" in dem Sinne versteht, dass man jemandem ganz deutlich vor Augen stellt, welche Konsequenzen seine Taten haben werden.

Wenn die Mama dir sagt, dass du deine Hausaufgaben machen sollst, damit du eine gute Arbeit schreibst, dann macht sie genau das. Es kann dann durchaus sein, dass du es als Drohung empfindest. Eigentlich müsstest du aber dankbar dafür sein, dass die Mama dich auf die Folgen der mangelnden Vorbereitung auf die Klassenarbeit hinweist.

Mit dem Tod im Paradies war es genauso: Gott hat die ersten Menschen darauf hingewiesen, was es für Folgen haben würde, wenn sie sich nicht an das halten, was er ihnen sagt. Natürlich hätte Gott auch dann noch verhindern können, dass der Tod kommt, sonst wäre er ja nicht Gott, denn für Gott ist nichts unmöglich. Aber er hat es um der Freiheit willen zugelassen und eben nicht verhindert, dass der Tod ins Paradies kam.

Wenn der Tod ins Paradies kam, dann war es doch nicht mehr das Paradies.

Ganz genau. So glauben wir es auch: Dadurch, dass die Menschen sich im Paradies nicht an das gehalten haben, was Gott ihnen geraten hatte, kam der Tod ins Paradies und das Paradies war nicht mehr so paradiesisch. Deshalb sprechen wir

95

jetzt ja auch nicht mehr vom Paradies, sondern von der „Welt". Und zu dieser Welt gehört der Tod.

Aber Gott hat den Menschen damals, als der Tod ins Paradies kam, nicht aufgegeben. Er hat sich vermutlich Folgendes gedacht: „Aus dem Paradies ist es nichts geworden, nun ist der Tod in der Welt. Aber ich will die Menschen deshalb nicht aufgeben, sondern dennoch versuchen, sie zu mir zu holen. Sie müssen sterben, aber danach will ich sie zu mir in den Himmel einladen." Das ist natürlich jetzt alles ganz einfach gesprochen, aber es zeigt immerhin, wie es gewesen sein könnte.

Ich finde es aber ungerecht, dass wir alle sterben müssen, obwohl wir doch nichts dafür können, dass die Menschen damals den Tod ins Paradies geholt haben.

Wenn ein Vater ein Haus hat und dieses Haus im Kartenspiel verspielt, dann können seine Kinder das Haus nicht mehr erben. Die Kinder sind zwar selbst nicht „schuld" daran, aber dennoch haben sie unter den Folgen der Tat ihres Vaters zu leiden. Mit diesem Vergleich kannst du es dir vielleicht vorstellen.

Aber ich finde es trotzdem ungerecht. Wenn ich das damals zu entscheiden gehabt hätte, dann hätte ich den Tod nicht ins Paradies geholt und dann würden sich heute noch alle Menschen freuen und keiner hätte Angst vor dem Sterben, weil er nämlich gar nicht sterben würde.

Ich freue mich, dass du so denkst und ich möchte deine Einstellung auch gar nicht ändern. Auf der anderen Seite haben wir jetzt aber so viel über den Tod gesprochen, dass du auch schon erkennen kannst, wie sehr der Tod eine Erlösung sein kann. Für die Christen hat nämlich Jesus Christus den Tod besiegt, das heißt: Der Tod ist nicht mehr so schlimm für uns. Er ist ein Durchgang ins Ewige Leben, in den Himmel. Das Paradies, das Gott einmal geschaffen hat, das gibt es nicht mehr, aber wir können jetzt in den Himmel kommen. Und eigentlich ist es dort noch schöner, als es im Paradies war.

Was ist denn dann mit den Menschen, die gelebt haben und gestorben sind, bevor Jesus Christus auf diese Welt gekommen ist und den Tod besiegt hat?

Dazu gibt es verschiedene Vorstellungen. Früher haben die Menschen gesagt, dass alle, die vor Jesus Christus gelebt haben, nach ihrem Tod in irgendeinen Warteraum kamen. Jesus Christus hat dann jeden einzelnen in diesem Warteraum aufgerufen, und wer wollte, der konnte mit ihm in den Himmel gehen. Heute stellt man sich das etwas anders vor, weil nach dem Tod die Zeit eine andere Rolle spielt. Aber wie dem auch sei: Wir glauben ganz fest, dass auch die Menschen, die gelebt haben, bevor Christus auf diese Welt kam, nun auch in das neue Paradies, den Himmel, eingegangen sind.

Das wäre ja sonst auch nicht gerecht.

Genau, denn diejenigen, die vor Jesus Christus gelebt haben, die können ja nichts dafür, dass sie von ihm noch nichts wussten, und wenn die jetzt nicht im Himmel wären, dann wäre der Himmel tatsächlich eine unfaire Sache.

Der Himmel kann aber nicht unfair sein, weil dort doch alles
ganz schön und gut ist.

Eben, und deshalb glauben wir, dass alle Menschen, auch die, die vor Jesus Christus gelebt haben, irgendeinen Weg von Gott gezeigt bekommen haben, wie sie dorthin gelangen. Mir ist es eigentlich egal, wie das geschehen sein soll oder wie man sich das vorstellen kann. Ich glaube aber ganz sicher, dass jeder Mensch - wirklich jeder - von Gott das Angebot bekommt, in den Himmel zu gelangen.

Ich muss mich noch richten

Papa, ich habe noch eine Frage: Der Pfarrer hat bei Omas Beerdigung gesagt, dass sie vor das Gericht kommt.
Vor ein Gericht kommt man aber doch nur, wenn man etwas Schlimmes getan hat.

Erinnerst du dich, wie ich dir erzählt habe, dass alle Religionen an ein Weiterleben nach dem Tod glauben und daran, dass der Mensch nach dem Tod noch eine Weile braucht, bis er endgültig bei Gott ist.

Die Juden sagen, dass kein Mensch, der stirbt, Gott einfach sehen kann. Der Mensch muss darauf vorbereitet werden. Wir haben das damit verglichen, dass man seine Kleider reinigt. Man zieht sich entsprechend an, wie wenn man zu einem Fest eingeladen ist.

Die Religionen sprechen auch von dem Gericht Gottes, vor dem der Mensch erscheint.

Das klingt aber komisch. Einerseits kann man nicht gleich zu Gott kommen, andererseits aber soll man vor das Gericht Gottes. Wie ist denn das gemeint?

Vielleicht kannst du besser verstehen, was mit dem Gericht Gottes gemeint ist, wenn wir uns einmal das Wort „Gericht" näher anschauen.

Im Süden Deutschlands sagen die Leute zum Beispiel: „Ich richte den Tisch" anstatt: „Ich decke den Tisch". Statt „sich die Haare kämmen" kann man dort auch sagen „sich die Haare richten".

Als ich dort studiert habe, da hat meine Vermieterin einmal, bevor sie ins Theater ging, gesagt: „Ich muss mich noch richten". „Richten" heißt nämlich eigentlich „sich bereitmachen". Anstatt: „Ich richte mich für das Theater" hätte meine Vermieterin auch sagen können: „Ich muss mich noch dafür bereitmachen, dass ich heute ausgehe".

Wenn man den Tisch richtet, dann macht man ihn bereit für die Gäste.

In diesem Sinne muss man das „Gericht Gottes" verstehen. Das heißt: Die Verstorbenen müssen sich bereitmachen für Gott, sie müssen sich darauf einstellen, dass sie demnächst ganz nahe bei Gott sind, sie müssen sich auf Gott „ausrichten". Die Reise, die die Toten antreten, ist diese Phase, in der sie sich für Gott „richten", so, wie meine Vermieterin sich für den Theaterbesuch gerichtet hat.

Dann heißt das gar nicht, dass man wie ein Verbrecher vor Gericht kommt, und dann ist dieses Gericht gar nichts Schlimmes?

Nein. Man hat das Gericht früher auch gerne das „jüngste Gericht", das „ewige Gericht" oder das „letzte Gericht" genannt. Das meint nichts anderes, als dass der Mensch sich für die Ewigkeit bereitet und sich deshalb nach seinem Tod auf die Ewigkeit ausrichtet oder dass er ein letztes Mal endgültig darauf ausgerichtet wird, bei Gott zu sein.

Als die Nachbarn dir geholfen haben, den großen Schrank in meinem Zimmer aufzustellen, da haben sie gesagt, als schon

alles fertig war: „Nun müssen wir ihn nur noch richten".
Ist so etwas mit dem ewigen Gericht gemeint?

Ganz genau das ist gemeint: Der Schrank war schon fertig aufgestellt, aber er war noch ein bisschen schief, das heißt die Türen gingen immer auf. Wir haben ihn dann „gerichtet", das heißt gerade hingestellt. Und jetzt gehen die Türen richtig zu.

Dann werden die Toten im Gericht Gottes gerade gemacht?

Ja, genau. Ein englischer Schriftsteller nennt in einem seiner Bücher die bösen Menschen immer die „Krummen" und die guten Menschen nennt er die „Geraden". Alles, was „krumm" ist, so könnte man sagen, muss „gerade" werden, denn nur die geraden Menschen können Gott schauen. Wenn die „Krummen" nach dem Tod gerichtet werden, dann werden sie wie unser Schrank gerade gemacht.

Ist die Oma deshalb so krumm gelaufen?

Das hat mit dem Äußeren nichts zu tun. Es geht um die innere Haltung. Je mehr ein Mensch liebt, umso „gerader" ist er. Aber wirklich vollkommen gerade ist hier auf der Erde kein Mensch, so dass jeder ein wenig gerichtet werden muss, bevor er zu Gott kommt. Darum kommt jeder vor das Gericht.

Aber es ist mit dem Gericht dasselbe, wie wir eben schon gesagt haben: Wenn ein Mensch schon auf dieser Welt nicht sehr „krumm" war, dann muss er auch nicht so stark gerichtet werden, und wer sehr „krumm" war, der muss eben stark „gerichtet" werden.

Das ist aber unangenehm.
Wie kommst du darauf?

*Als der Doktor mir im vorigen Sommer den Arm eingerenkt
hat, da hat das sehr wehgetan.*
Das ist auch kein schlechtes Bild für das, was beim jüngsten
Gericht passiert. Wir haben gesagt, dass der Mensch dabei
aufgerichtet wird, aber man kann sich das auch so vorstellen wie das Einrenken eines Körperglieds, denn erst nach
dem Einrenken ist man wieder gerade und fähig, richtig zu
laufen oder den Arm richtig zu verwenden. Und du hast
Recht: Das Einrenken tut schon ein bisschen weh. Aber nach
dem Einrenken ist dann alles wieder gut.

*Dann tut das ewige Gericht zwar ein bisschen weh, aber ei-
gentlich ist es nicht so schlimm, oder?*
Aus christlicher Sicht nicht, denn Gott ist barmherzig und
vergibt jedem Menschen, was er an Bösem getan hat. Es gibt
keine Sünde, die die Liebe Gottes zum Menschen zerstören
könnte.

*Aber trotzdem haben viele Menschen Angst vor dem ewigen
Gericht, oder?*
Ja, viele. Aber das ist nicht nötig.

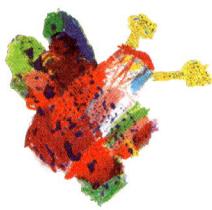

Die Angst kommt daher, dass man weiß, nicht gut gewesen zu sein. Kein Mensch könnte von sich behaupten, er wäre so gut, dass er es nicht noch steigern könnte. Das wäre sehr vermessen. Die Menschen wissen meist ganz genau, wann sie sich von Gott abgesondert haben, und sie wissen auch, dass es nur die Barmherzigkeit Gottes ist, die es ihnen ermöglicht, dennoch zu ihm in den Himmel zu kommen. Angst haben sie vor dem ewigen Gericht, weil sie vermuten, dass Gott vielleicht doch nicht so barmherzig sein könnte, wie er sein müsste, damit sie in den Himmel kommen.

Der eine hieß Erwin
und der andere Michael

Woher wissen wir denn, dass Gott barmherzig ist?

Eigentlich wissen wir es nicht, sondern wir hoffen es nur und wir glauben es. Vielleicht liegt hier im Vergleich zum Judentum und zum Islam ein gewisser Vorzug des Christentums: Wenn Jesus Christus wirklich der Sohn Gottes ist, dann können wir auch glauben, dass Gott barmherzig ist, denn Jesus Christus, sein Sohn, der muss es ja wissen und der hat es immer wieder den Menschen gesagt, als er hier auf der Erde war.

Möglicherweise haben deshalb die Religionen, die nur an Gott, aber nicht an Jesus Christus glauben, auch ein wenig Schwierigkeiten mit der Barmherzigkeit Gottes.

Aber die Christen glauben doch auch, dass es die Hölle
gibt. Wie kann man denn glauben, dass Gott barmherzig ist,
wenn man auch glaubt, dass es die Hölle gibt?

Diese Frage haben sich die Menschen immer wieder gestellt. Eigentlich ist das gar nicht so schwer zu verstehen. Wir haben doch schon gesagt, dass die Hölle jener Zustand ist, in dem der Mensch Gott einfach nicht an sich herankommen lassen will, also jener Zustand, in dem der Mensch sozusagen die Türen von innen zuhält und Gott einfach nicht hereinlässt. Dagegen kann auch ein barmherziger Gott nichts tun.

Es gibt aber noch einen anderen Grund, weshalb sich der

barmherzige und der strenge Gott nicht ausschließen. Ich will dir dazu etwas erzählen, was mir vor ganz langer Zeit, als ich kaum älter war als du, passiert ist.

Ich hatte zwei Schulfreunde, der eine hieß Erwin und der andere Michael. Meine Mutter, die konnte Erwin nicht besonders gut leiden und sie mochte es nicht so gerne, wenn ich mit ihm zusammen war, denn sie hatte Angst, dass wir dumme Sachen machten. Ich selbst aber war sehr gerne mit Erwin zusammen.

Also habe ich meiner Mutter erzählt, ich sei bei Michael, tatsächlich aber bin ich zu Erwin gegangen. Immer wenn ich abends heimkam, dann fragte mich meine Mutter, wie es bei Michael war, und ich habe gelogen: Ich habe erzählt, wie toll es bei Michael war, was wir alles zusammen gemacht haben und so weiter. Eigentlich hatte ich dabei aber ein schlechtes Gewissen, denn ich war ja gar nicht bei Michael gewesen, sondern bei Erwin. Manchmal habe ich versucht, gleich in mein Zimmer zu gehen, wenn ich nach Hause kam, weil ich es nicht ertragen konnte, dass meine Mutter so nett zu mir war und nicht ahnte, dass ich sie anlog. Ich konnte die Gutmütigkeit meiner Mutter immer weniger ertragen. Nachdem das eine ganze Zeit so ging, da tat es mir innen drin richtig weh, dass meine Mutter immer so nett zu mir war, und ich fühlte mich schäbig. Meine Mutter hatte sich gar nicht verändert: Sie war so nett wie eh und je, aber in mir hatte sich etwas verändert: Ich konnte die Güte meiner Mutter gar nicht mehr aushalten.

Ich glaube, dass es so auch gegenüber Gott ist: Gott ist immer barmherzig, aber es gibt Menschen, denen tut diese

Barmherzigkeit weh, die können es gar nicht ertragen, dass Gott so barmherzig ist, und sie versuchen, ihm aus dem Weg zu gehen, so, wie ich meiner Mutter aus dem Weg zu gehen versuchte, wenn ich abends von Erwin heimkam. Mir tat es damals weh zu erkennen, wie gut meine Mutter und wie schlecht ich eigentlich war, weil ich sie so anlog. Ähnlich wird es auch den Menschen wehtun, wenn sie die Barmherzigkeit Gottes erkennen und angesichts dieser Barmherzigkeit daran denken, wie sie selbst vor dem Tod gewesen sind. Gott ist immer derselbe und doch kann seine Barmherzigkeit entweder wehtun oder trösten.

Verstehst du, es liegt am Menschen, ob Gottes Barmherzigkeit wie eine Strafe wirkt oder ob sie wohltuend ist.

Dann urteilt Gott gar nicht über die Menschen?

Nein, Gott richtet die Menschen in dem Sinne, wie wir es eben gesagt haben, aber das Urteil, das spricht sich der Mensch eigentlich selbst. Vielleicht haben manche Menschen auch nur Angst vor dem ewigen Gericht, weil sie denken, am Ende dieses Gerichts spräche Gott ein Urteil und dieses Urteil könne hart ausfallen.

Wenn der Mensch sich selbst sein Urteil spricht,
wieso ist Gott dann der Richter?

Gott ist der, der richtet, weil er derjenige ist, der den „krummen" Menschen gerade macht und ihn „aus-richtet" auf seine Barmherzigkeit.

Und nur in diesem Sinne ist er „Richter"! Die Vorstellung von einem alten Mann, der mit langem Bart auf einer großen Wolke sitzt, ein schweres Buch auf dem Schoße hat, in dem die Namen der Verstorbenen verzeichnet sind, und aus diesem Buch dem Verstorbenen vorliest, was dieser alles Böses getan hat, einen solchen Gott gibt es nicht. Es ist ein Märchengott, den irgendwelche Leute erfunden haben, um den Menschen Angst zu machen.

Wenn aber Gott für die Christen ein so guter Gott ist, dass man vor ihm gar keine Angst zu haben braucht, warum sterben dann so viele unschuldige Menschen, warum verhungern Kinder oder warum gibt es Katastrophen, bei denen Menschen umkommen?

Das ist eine sehr schwere Frage. Ich weiß nicht, ob es darauf eine Antwort gibt. Irgendeine große Frau hat einmal gesagt, wenn sie vor Gott trete, dann würde sie sich nicht nur Fragen stellen lassen, sondern ihm auch Fragen stellen, nämlich die, weshalb er das Leiden Unschuldiger zulässt.

Aber vielleicht kann man doch aus dem, was wir uns bis jetzt überlegt haben, eine Antwort versuchen: Das Leiden der Unschuldigen ist ein unübersehbares Zeichen für die Unvollkommenheit dieser Welt.

Der Mensch ist nach dem Glauben aller Religionen nicht für diese Welt geschaffen. Diese Welt ist ein Anfang, ein Provisorium, das heißt: Zu dem Eigentlichen kommt der Mensch erst durch den Tod. Bei den Christen ist diese Ansicht nicht so ausgeprägt wie bei den Juden oder bei den Moslems, aber sie ist vorhanden, denn auch die Christen glauben, dass Gott den Menschen eigentlich für das Paradies geschaffen hat. Darüber haben wir ja schon gesprochen.

Dieses Paradies besteht aber eben leider nicht mehr, weil die Menschen es nicht wollten. Und die Welt, in der wir jetzt leben, ist unvollkommen und ihre Unvollkommenheit wird uns besonders dann klar, wenn wir an das Leiden Unschuldiger denken oder an den Tod so vieler Kinder, die gar nichts dafür können, dass sie so bald wieder sterben müssen.

Es gibt auch noch andere Erklärungen für das Leiden der Unschuldigen, aber die sind sehr schwer zu verstehen. Damit lassen wir uns noch etwas Zeit.

Blumen auf Omas Grab

Wenn in dem Grab, in das die Oma gekommen ist, nur noch der Körper liegt und die Seele schon die Reise zu Gott angetreten hat, weshalb stellen wir dann Blumen auf das Grab?

Das Grab erinnert uns an den Menschen, der gestorben ist, auf besondere Weise, denn es ist die letzte Ruhestätte eines Verstorbenen. Das Grab ist der Ort für unsere Trauer. Hier liegt der Körper des verstorbenen Menschen, die Form, in der die Seele war. Es ist ein Teil von dem, was für uns zurückbleibt, für den Verstorbenen aber keine Rolle mehr spielt.

Aber wir haben doch auch Fotos von der Oma. Die erinnern mich viel mehr an sie als ein Grab.

Eigentlich hast du Recht. In einigen Ländern ist es auch üblich, dass man das Foto von einem Verstorbenen auf sein Grab stellt oder dass man daheim ein Foto von einem Verstorbenen aufhängt und vielleicht eine Kerze davor aufstellt. Ich finde es schön, wenn man an die Verstorbenen denkt, aber ich finde es auch nicht so wichtig, auf den Friedhof zu gehen. Viel wichtiger erscheint es mir, für die Verstorbenen zu beten, also Fürsprache für sie einzulegen.

Man kann sich doch auch verbrennen lassen.

Ja, das geht auch und das tun immer mehr Menschen. Viele der Lebenden aber haben davor eine eigentümliche Angst, denn durch das Verbrennen ist der Körper eines Verstorbe-

nen mit einem Mal nur noch Asche. Für viele Menschen ist
das beunruhigend. Wenn ein Verstorbener nicht verbrannt,
sondern auf dem Friedhof beerdigt wird, dann zerfällt er wesentlich langsamer, aber am Ende ist er im gleichen Zustand,
wie wenn man ihn verbrannt hätte.

*Bekommt denn der Mensch, wenn er tot ist, den Körper nicht
irgendwann wieder?*

Nein, weil man ihn nach dem Tod nicht mehr braucht. Denk
mal an eine Kartoffel: Solange die Kartoffel in der
Erde ist, braucht sie die Schale. Sie ist ein
Schutz und trägt der Kartoffel viele Vitamine
zu. Wenn wir aber die Kartoffel aus der Erde
holen und kochen, dann schälen wir sie vor
dem Essen, weil die Schale jetzt überflüssig
ist. Genauso schält der Tod den Körper von der Seele ab, die Seele bleibt übrig, sie ist unsterblich. Der
Körper ist eine „sterbliche Hülle" wie die Schale um
die Kartoffel.

*Aber bei der Beerdigung der Oma hat der Pfarrer gesagt, dass
die Toten aus den Gräbern auferstehen. Dann stimmt das ja
gar nicht.*

Wörtlich genommen stimmt es nicht. Aber es ist ein Bild, es
soll sagen, dass die Toten die Gräber hinter sich lassen, weil
es in dem Leben nach dem Tod keine Gräber mehr gibt. Wenn
der Pfarrer sagt, dass die Toten aus den Gräbern auferstehen, dann meint das, dass sie in den Himmel gehen, und dort
gibt es keine Gräber, weil es keinen Tod mehr gibt.

110

Das Grab ist früher immer auch ein Bild für die Erde gewesen, denn auf der Erde gibt es viele Gräber, weil es den Tod gibt.

„Das Grab verlassen" heißt eigentlich die Erde verlassen.

Aber ich möchte dir noch etwas dazu erklären – was ziemlich schwierig ist. Ganz stimmt es nämlich nicht, dass der Körper nach dem Tod keine Rolle mehr spielt. Wir Christen sagen, dass die Seele die Gestalt des Körpers annimmt.

Stell dir mal Folgendes vor: Wenn die Mama einen Kuchen backt, dann gießt sie aus der Schüssel den noch ziemlich flüssigen Teig in die Kuchenform. Der Teig passt sich dieser Form an. Schließlich wird der Kuchen gebacken und am Ende aus der Form geholt. Der fertige Kuchen hat aber dieselbe Form wie die Kuchenform, in der er gebacken wurde. Trotzdem braucht der fertige Kuchen die Form nicht mehr, weil er jetzt von sich aus fest ist.

Wenn wir das auf die Seele und den Körper übertragen wollen, sieht das so aus: Die Seele ist im Körper wie der fertige Teig in der Kuchenform. Durch den Tod verlässt die Seele den Körper, so ähnlich, wie der fertig gebackene Kuchen aus der Form genommen wird. Aber dennoch spielt der Körper auch nach dem Tod eine gewisse Rolle für die Seele, die in ihm war – so, wie man dem fertigen Kuchen ja auch ansieht, in welcher Form er gebacken wurde.

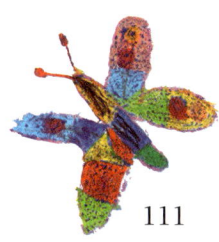

Die Oma war doch schon ein paar Tage tot, als sie beerdigt wurde. Dann war ihre Seele schon gar nicht mehr in dem Sarg, als sie ihn in die Erde getan haben?

Das Grab ist ein Bild für den Tod. Das Verlassen dieser Erde, also die Trennung von Körper und Seele, beginnt mit dem Tod und nicht mit der Beerdigung.

Die Trennung der Seele vom Körper geht aber nicht so schnell. Eine Kartoffel – um das Bild von vorhin nochmal aufzugreifen – muss man auch Stück für Stück schälen. Auf jeden Fall kann man sagen, dass die Seele der Oma, sobald sie tot war, begonnen hat, den Körper zu verlassen. Vielleicht war sie aber auch noch ein bisschen in dem Körper und darum gehen wir mit den Körpern der Toten so sorgsam um.

Löcher in der Plane

*Als der Pfarrer davon sprach, dass die Toten aus den Gräbern
auferstehen, da sagte er auch etwas vom Ende der Welt. Was
meint er denn mit dem Ende der Welt?*

Das ist eine der schwierigsten Fragen, die du im Zusammenhang mit dem Tod stellen kannst, aber sie ist absolut folgerichtig. Denn wenn man bedenkt, dass jeder Mensch sterblich ist, dann muss man auch sehen, dass die ganze Welt endlich ist. Wir merken ja auch sonst in der Natur, dass sie nicht ewig ist: Bäume sterben, Tiere sterben, ganze Länder gehen unter und so weiter.

Irgendwann, so glauben wir, stirbt auch diese ganze Welt, das heißt, sie wird irgendwann ein Ende haben. Irgendwann wird es die Sonne nicht mehr geben, und obwohl das noch Millionen Jahre dauern wird, so wissen wir doch, dass es dann auch die Erde nicht mehr geben kann, weil wir dazu die Sonne brauchen.

Wir wissen aber nicht, wie es sein wird, wenn es die Erde nicht mehr gibt, und wir wissen auch nicht, was danach kommt.

*Wenn dann alle Menschen bei Gott sind, dann ist das doch
auch nicht mehr wichtig, weil es bei Gott noch schöner ist
als auf dieser Welt, auf der die Bäume und die Tiere und die
Menschen sterben.*

Es ist gut, dass du das so siehst. Und es ist tatsächlich so, dass das Ende der Welt für uns nicht bedeutsam ist. Aber

trotzdem hat man sich auch darüber viele Gedanken gemacht.

*Wenn diese Erde einmal nicht mehr sein wird und auch die
Sonne einmal nicht mehr scheinen wird, wie ist es denn dann
mit den Sternen?*

Wahrscheinlich werden die auch einmal nicht mehr sein.
Aber all das sind traurige Gedanken. Ich sehe lieber zu den
Sternen hinauf und freue mich darüber, dass alles so schön
ist.

Wenn ich dann daran denke, dass auch ich einmal sterben
muss, dann fällt mir immer ein Bild ein, das die Juden gerne verwendet haben: Sie stellen sich vor, dass sich der nächt-
liche Himmel wie eine schwarze Plane über die Erde wölbt.
Die Sterne sind lauter Löcher in dieser Plane und durch diese „Löcher" scheint ein ewiges Licht hindurch. Das stimmt
zwar nicht, aber man kann es sich so vorstellen und dann ist
man nicht mehr traurig, dass alles einmal vorbei sein wird,
sondern man freut sich, durch diese dunkle Plane hin-
durchzukommen und irgendwann in dem wunderbaren
Licht zu sein, das dahinter leuchtet.

*Du, Papa, ich bin jetzt gar nicht mehr
so traurig, dass die Oma gestorben
ist – nur noch ein ganz kleines
bisschen.*

Das geht mir auch so. Es ist schön,
wenn man sich solche Gedanken macht.
Sie können einen sehr trösten.

Ein klein wenig machen es uns übrigens
die Schmetterlinge vor, wie es mit dem
Tod ist.

*Das haben wir in der Schule schon gelernt
und früher auch mal im Kindergarten. Die
Schmetterlinge verwandeln sich von einer Raupe in
einen schönen Falter und der Falter ist viel, viel schöner als so
eine Raupe.*

Und wenn man einen schönen Schmetterling sieht, dann
denkt man gar nicht mehr daran, dass er mal eine Raupe war,
sondern man freut sich an ihm. Er kann viel mehr als eine
Raupe, er bewegt sich ganz schnell von einem Ort zum an-
dern und sieht sehr hübsch dabei aus.

Und so ist es auch mit uns: Jetzt kriechen wir hier noch auf
der Erde herum wie eine Raupe, aber später, im Himmel, da
werden wir herumflattern wie ein schöner Schmetterling.

*Du, Papa, ein bisschen freue ich mich jetzt sogar schon
darauf, dass ich später auch im Himmel sein kann und du
auch und die Mama auch und alle Menschen, die ich lieb
habe.*

Und bis es so weit ist, haben wir hier noch ein ganz schönes
Leben vor uns, ein viel schöneres, als wir es hätten, wenn wir
nicht an ein Leben nach dem Tod glauben würden. Wir wollen nie vergessen: Es gibt auch ein Leben vor dem Tod.

Vom Trost zur Freude

Trost gibt der Himmel.
Von den Menschen erwartet man
Beistand.

(Ludwig Börne)

Trost ist etwas unsäglich Kostbares, aber unsere Gesellschaft bietet dafür wenig Raum.

Wo sollte er auch herkommen in einer sozialdarwinistischen Gesellschaft, in der die Starken die Schwachen fressen und in der – auch Kindern! – bald klar ist, dass man zu mehr kommt, wenn man die Ellenbogen beherzt einsetzt. In einer an Leistung und Erfolg orientierten Gesellschaft zählen Macht, Stärke und Ruhm. Für ein trauriges und trostloses Herz ist da wenig Zeit und Raum.

Man hat den Trost in die Kirchen verlagert. Sie sind jener Rahmen, in denen Trost fachgerecht verwaltet wird; hier sind Profis angestellt, die in jeder Lebenslage Trost zu spenden wissen.

Mag sein, dass der Trost in der Kindererziehung noch eine Rolle spielt, aber im Umgang Erwachsener miteinander ist er wohl eher selten. Dabei braucht ihn jeder, den Trost, denn er gehört zur Liebe.

Gibt es nicht im Leben eines jeden Menschen Situationen, in denen es weitaus schöner ist, von einem geliebten Menschen still in den Arm genommen und getröstet zu werden als mit ihm ein rauschhaftes Liebeserlebnis zu haben? Trost ist etwas

Wundervolles und Menschen, die trösten können, dürfen sich dieser Gabe glücklich schätzen.

Manchmal aber lohnt es sich auch, ein Buch zur Hand zu nehmen und ein paar tröstliche Zeilen zu lesen.

In diesem Sinne soll das Buch „Papa, was ist der Tod?" tröstliche und trostvolle Gedanken vermitteln. Natürlich kann man es auch lesen, wenn man des Trosts im Augenblick nicht bedarf, sondern wenn man sich einmal Gedanken um etwas Wesentliches machen möchte: um die eigene Sterblichkeit und Endlichkeit.

Der Trost hat die seltsame Eigenart, sich selbst überflüssig zu machen. Am Ende des Trosts steht immer die Freude. Über den Tod nachzudenken kann in diesem Sinne – so seltsam es klingt – schön sein. Tröstliche Gedanken führen nämlich zur Freude und gerade deshalb sind tröstliche Gedanken über den Tod ein Beitrag zur „Lebensqualität". In diesem Sinne sind Gedanken über den Tod immer auch Gedanken über das Leben und sie offenbaren uns das eigentümliche Wechselverhältnis zwischen Leben und Tod, in das jedes Leben eingespannt ist: Die Freude in unserem Leben kann nur dann wirklich greifen, wenn wir die Frage nach dem Tod befriedigend zu beantworten versuchen. In diesem Sinne soll das Buch nicht nur ein Buch des Trosts, sondern vor allen Dingen ein Buch der Freude sein.

Nachwort:
Gedanken zu Tod, Trauer und Trost

Der Tod ist grausam, er ist unausweichlich, er tut weh, er stürzt in Tiefen. Sei es das grundsätzliche Wissen um die eigene Sterblichkeit, sei es die furchtbare Nachricht, dass man selbst bald sterben muss, sei es die entsetzliche Tatsache, dass man einen geliebten Menschen verloren hat: Die Konfrontation mit dem Tod reißt Abgründe auf.

Viele Menschen erfahren die Nachricht vom Tod als Schock. Von einer Sekunde auf die andere verändert sich das ganze Leben. Es ist, wie wenn man mitten im Lauf ein Bein gestellt bekommt und schmerzlich auf den rauen Asphalt stürzt. Man ist benebelt und – das vor allem! – man hat entsetzliche Schmerzen. Nur mühsam und nur mit Hilfe anderer Menschen kann man sich aufrappeln und meist erst auf wackeligen Beinen langsam und zittrig weitergehen. Dennoch kann man sich schon in Zeiten, in denen sich weder bei einem selbst noch im Umfeld der Tod andeutet, mit diesem auseinander setzen.

Die Erfahrung des Todes kommt unausweichlich auf einen zu. Umso sinnvoller ist es, sich rechtzeitig damit zu befassen.

Da ist zunächst die unabwendbare Tatsache des (irgendwann eintretenden) eigenen Todes.

1. Der eigene Tod

Die Auseinandersetzung mit dem eigenen Tod bringt uns fast zwangsläufig zu der Frage, was wir aus unserem Leben machen wollen. Denn was auch immer unsere Vorstellungen davon sind, was nach dem Tod geschehen wird, so geht es für uns in diesem Augenblick doch einzig darum zu leben. Keiner weiß wirklich, was nach unserer Existenz hier folgt, und dass wir hier sind, stellt uns vor die Aufgabe, etwas aus unserem Leben zu machen.

Wenn wir uns mit unserem eigenen Lebensende beschäftigen, können wir daraus vieles für uns lernen:

Der Tod kann uns lehren, das Leben zu lieben.

Der Tod lässt uns die Bedeutung unserer Lebenszeit klar werden.

Der Gedanke an unseren Tod kann uns heute bewusst und intensiv leben lassen.

Der Tod lässt das deutlicher werden, was wirklich wichtig ist.

Der Tod macht klar, dass nichts selbstverständlich ist.

Wer sich wirklich einmal bewusst macht, dass sein Leben irgendwann zu Ende ist, kann daraus die Freude schöpfen, heute etwas Sinnvolles aus der Zeit zu machen, die uns gegeben ist.

In letzter Konsequenz können wir uns von unserer Angst vor dem Sterben nur freimachen, wenn wir lernen, unseren Tod als etwas ganz Natürliches zu akzeptieren.

2. Die Erfahrung des Todes anderer Menschen

Der Tod eines nahe stehenden Menschen kann in tiefe innere Abgründe stürzen. Der Schmerz ist unendlich groß und es scheint, als könnten wir nie wieder unbeschwert und fröhlich sein. Die Verzweiflung über den Verlust kann so groß sein, dass manch einer selbst kaum weiterleben will.

Das Annehmen des Verlusts von Menschen ist eine der schwersten Aufgaben, die wir in unserem Leben zu bewältigen haben. Wir müssen erkennen, dass wir nichts festhalten können und dass es Dinge gibt, die sich unserer Kontrolle entziehen, so verzweifelt wir auch versuchen mögen, Einfluss zu nehmen. Abschied und Trauer sind Themen, die früher oder später auf jeden von uns zukommen, und wir müssen lernen, mit dem Schmerz umzugehen.

Eine so tiefe Wunde wie die, die durch den Verlust eines geliebten Wesens entsteht, heilt nicht schnell. Deshalb sollte man sich klarmachen, dass Trauer und Abschied sehr langwierige Prozesse sein können. Jeder Mensch hat hier sein ganz eigenes Tempo, der eine trauert Jahre, ein anderer wird bis an sein Lebensende eine gewisse Traurigkeit in seiner Seele spüren.

Es ist daher wichtig, sich für die Trauer Zeit zu nehmen.

3. Wenn andere trauern –
Trost und Begleitung im Trauerfall

Es ist ja nicht immer nur unsere eigene Trauer, mit der wir konfrontiert werden. Wir erleben auch die Trauer nahe stehender Menschen und wollen gerne etwas tun, um den Schmerz zu lindern.

Tod und Trauer gehören leider zu den großen Tabuthemen unserer Zeit. Im allgemeinen Schönheits- und Jugendwahn unserer schnellen Gesellschaft haben Verfall und Sterben wenig Raum, denn sie erinnern uns nur zu deutlich, dass viele von uns einer Illusion nachjagen. Weil dies so ist, treffen Trauernde oft auf wenig Verständnis für ihren Schmerz. Eine gewisse Trauerzeit – in der Regel ein paar Tage – wird den meisten zwar zugestanden, dann aber, bitte schön, soll derjenige doch loslassen, das Leben geht schließlich weiter ...

Sie können sehr viel tun, indem Sie dem Trauernden signalisieren, dass der Schmerz, die Gefühle und Tränen für Sie in Ordnung sind – und das unabhängig davon, wie weit der tatsächliche Verlust zurückliegt. Versuchen Sie nicht, mit Ablenkung oder Aufmunterung den anderen aus seiner Trauer zu holen, sondern akzeptieren Sie seinen Schmerz. Verdrängt wird schon genug.

Oft wünschen wir uns, der andere solle doch den Tod möglichst schnell überwinden. Das aber geht oft nicht, denn die Trauer über den Verlust eines geliebten Menschen ist eine tiefe Verletzung. So, wie Menschen oft nach einer körperlichen Erkrankung eine sehr lange Genesungszeit brauchen, so ist es auch beim Trauerschmerz.

„Das Leben geht weiter" ist vielleicht einer der Sätze, die man in der Trauer am wenigsten hören mag. Der Satz wirkt zynisch angesichts der Leere, die man empfindet. Gleichzeitig aber ist es ein sehr tröstlicher Satz, der den Blick nach vorn öffnen kann. Wer trauert, will manchmal selbst nicht mehr leben. Aber genau darum geht es: weiterzuleben. Und das Weiterleben ist möglich, so schlimm uns der Verlust auch scheint. Wer seine Trauer und den Schmerz annimmt und lernt, mit dem Tod der Lieben zu leben, wächst und reift.

Wenn wir einen anderen Menschen trauern sehen, kommen wir auch in Berührung mit unseren eigenen Ängsten, Verlusten und unserem Schmerz.

Vermeiden Sie es aber, den anderen deshalb von seiner Trauer wegbringen zu wollen, und fühlen Sie sich nicht schuldig. Sie sind dem anderen keine Hilfe, wenn Sie selbst seelisch zusammenbrechen, weil bei Ihnen unverarbeitete Verluste an die Oberfläche kommen. Machen Sie das im Notfall transparent, indem Sie sagen, dass Sie merken, Sie seien nicht stark genug für den Schmerz des anderen, weil Sie selbst so viel Schmerz oder Angst empfinden.

Trauernde fühlen sich oft verlassen und allein gelassen. Vielen Menschen tut es deshalb gut zu spüren, dass jemand da ist. Das heißt nicht unbedingt, dass man aktiv etwas tun oder ständig um denjenigen herum sein muss. Viel besser ist es, dem Trauernden zu signalisieren, dass man „da" ist und zur Verfügung steht. Eine liebe Karte mit einer Telefonnummer und dem Hinweis, dass man jederzeit erreichbar ist, kann schon sehr viel Trost schenken. Auch immer mal wieder von sich aus anzurufen und nachzufragen, wie es geht, manchmal das einfache nur „Dabeisitzen", wenn jemand weint, gemeinsame Spaziergänge zum Friedhof – all das sind Dinge, mit denen man aktiv einen Trauernden unterstützen kann.

Viele Trauernde möchten in bestimmten Phasen wieder und wieder über die Person, die sie verloren haben, sprechen. Es sind oft immer wieder dieselben Geschichten – vielleicht auch verbunden mit Fotos oder Ähnlichem. In solchen Situationen ist es wichtig, echtes Interesse zu zeigen und geduldig zuzuhören, denn in der ersten Zeit des Schmerzes braucht der Trauernde Menschen, mit denen er über den Toten sprechen kann.

Es kann auch passieren, dass Menschen mit dem Verlust, den sie erlitten haben, überhaupt nicht klarkommen. In diesem Fall sind den persönlichen Möglichkeiten des Tröstenden Grenzen gesetzt: Man darf – bei aller Bereitschaft mitzugehen – nicht selbst an der Trauer eines anderen Menschen zerbrechen. Trauerberatungen, Selbsthilfegruppen, City–Pastoral, Telefonseelsorge und andere Einrichtungen können im Notfall weiterhelfen. In solch einem Fall muss man behutsam diese Möglichkeiten aufzeigen und dabei unter Umständen behilflich sein, dass der andere solche Beratungsstellen aufsucht.

4. Übungen für den Umgang mit Trauer

Das Hamburger Magazin „Zeit zu leben" hat in Zusammenarbeit mit Experten auf diesem Gebiet einige Übungen zusammengestellt, mit denen sich Trauer aktiv bearbeiten lässt. Dort heißt es am Beginn:

„Wir wissen, dass gerade in Phasen, in denen wir vor Schmerz nicht weiterwissen, es sehr schwer ist, die Energie zu finden, solche Übungen auch tatsächlich zu machen. Setzen Sie sich nicht unter Druck. Möglicherweise ist es noch nicht Zeit, den Verlust aktiv zu bearbeiten. Schauen Sie einfach einmal, wovon Sie sich angesprochen fühlen und forcieren Sie nichts."

Im Folgenden werden dann einige wichtige Schritte zur Bewältigung von Trauer genannt, die hier im Wesentlichen wiedergegeben sind:

a) Trauer zulassen und ausleben

Der Schmerz über den Verlust stürzt uns zunächst in eine Starre. Wie unter Schock fühlen wir möglicherweise über eine ganze Zeit gar nichts. Irgendwann aber brechen Gefühle durch. Für unsere Mitmenschen ist es nicht immer nachvollziehbar, wieso wir vielleicht nach einem halben Jahr oder noch längerer Zeit voller Verzweiflung und Schmerz reagieren. Es ist aber sehr

wichtig, sich zu erlauben, diese Gefühle zu haben und aus-
zuleben.

Finden Sie Wege und Möglichkeiten, mit denen Sie Ihren
Schmerz, Ihre Gefühle und Gedanken ausdrücken können.
Solche Möglichkeiten sind z. B.:
- Malen oder Zeichnen
- Schreiben (z. B. Geschichten oder ein Trauertagebuch)
- Gestalten von Figuren und Skulpturen
- Ausdruck durch Tanz oder Bewegung
- Kontakt mit der Natur

Finden Sie in jedem Fall einen Weg, durch den Sie das, was in
Ihnen ist, herauslassen können. Was Sie dauerhaft unterdrü-
cken, macht krank.

b) Finden Sie ein Ritual des Abschiednehmens

Den Tod von jemanden anzunehmen und zu verarbeiten heißt
loslassen lernen. Loslassen ist etwas, das vielen Menschen sehr
schwer fällt, vor allem dann, wenn es um ein endgültiges Loslassen geht. Die verschiedenen Kulturen haben ganz unterschiedliche Rituale entwickelt, mit denen Verstorbene verab-
schiedet werden. Viele dieser Rituale haben etwas Tröstliches,
denn Symbole haben eine große Wirkung auf uns.

Finden Sie ein ganz persönliches Ritual, mit dem Sie sich
verabschieden wollen. Vielleicht möchten Sie einen Brief an
den Verstorbenen schreiben und den dann ganz bewusst
verbrennen. Vielleicht möchten Sie etwas, das zu dem Verstorbenen gehörte, nehmen und an einem ganz besonderen
Ort vergraben. Vielleicht gestalten Sie auch ein spezielles
Foto- und Erinnerungsalbum, durch das Sie Ihre Beziehung

zu dem Toten noch einmal bewusst erleben und durcharbeiten.

Wählen Sie etwas, bei dem Sie spüren, dass es für Sie stimmt. Wie kitschig es auch immer sein mag – tun Sie, wonach Ihnen ist. Tun Sie es bewusst und lassen Sie den Schmerz zu. Machen Sie sich aber auch immer klar, dass es um das Loslassen und Verabschieden geht. Inszenieren Sie den Abschied auf Ihre ganz persönliche Weise.

c) Arbeiten Sie die Frage „Warum" bewusst ab

Mit am schmerzlichsten kann die ewige Frage nach dem Warum sein. „Warum musste er oder sie sterben?" Je nach Glaubenshintergrund können wir hierfür ganz unterschiedliche Antworten finden. Sehr häufig suchen Menschen die Antwort bei sich selbst und entwickeln große Schuldgefühle. Damit wird der Schmerz noch größer.

Es hat in der Regel wenig Sinn zu versuchen, sich über den Verstand her klarzumachen, dass die Frage nach dem Warum im Grunde nur qualvoll, aber wenig konstruktiv ist. Es ist sinnvoller, sie einmal ganz bewusst „abzuarbeiten".

Lassen Sie sich – wenn Sie sich stark genug fühlen – einmal ganz auf diese bohrende Frage ein. Nehmen Sie sich ein Blatt Papier und schreiben Sie alle vermeintlichen Gründe auf, die Ihnen auf Ihre Frage nach dem Warum einfallen. Schreiben Sie alles auf, so abstrus es vielleicht klingen mag. Durch das Aufschreiben bringen Sie Ihre Gedanken aus sich heraus, was sehr befreiend wirken kann.

Werfen Sie am Ende der Übung die Blätter fort oder verbrennen Sie sie.

Leider greift das Magazin „Zeit zu leben" zwei weitere Möglichkeiten der Trauerbewältigung nicht auf, die ich hier gerne ergänzen möchte:

d) Suchen Sie bewusst Trost
Nach der akuten Trauerphase geht es darum, das eigene Leben ohne die verstorbene Person weiterzuleben. Viele Trauernde fühlen sich einsam. Um weiterzumachen müssen wir Trost finden. Seien Sie vor allem liebevoll und nachsichtig zu sich selbst und finden Sie einmal systematisch heraus, was Sie trösten kann.
Auch hier geht es vor allem um die Kraft der Symbole.
Schreiben Sie auf, welche Dinge Sie ganz persönlich trösten können. Vielen Menschen tut es gut, Blumen zum Grab zu bringen oder Kerzen in einer Kirche anzuzünden. Andere müssen über ihre Empfindungen reden und finden in einer Trauer-Selbsthilfegruppe Trost. Auch eine innere Vorstellung darüber, wo der Verstorbene nun gerade ist, kann sehr tröstlich sein. Vielleicht haben Sie auch ein besonderes Erinnerungsstück, das Sie immer bei sich tragen.
Setzen Sie verschiedene dieser Möglichkeiten um.

e) Suchen Sie Halt im Gebet
Viele Menschen schaffen es am Anfang nicht zu beten. Mit jenem Gott, der ihnen den geliebten Menschen genommen hat, wollen sie nichts zu tun haben. Wo aber eine echte Religiosität vorliegt, bringt diese „schmollende" Abkehr nichts, denn man muss sich - ob man will oder nicht - in die Verfügungen Gottes ergeben (genauso übrigens, wie man es mitunter auch

schmerzvoll bei Entscheidungen anderer Menschen zu tun gezwungen ist).

Dabei geht es im Gebet gar nicht darum, fügsam anzunehmen, was Gott gewollt hat (hat er es wirklich gewollt?), und man kann in diesem Zusammenhang nicht genügend betonen, dass auch die Klage Gebet sein kann. Gott kann auch mit den Fragen und Zweifeln des Menschen etwas anfangen und als gläubiger Mensch sage ich ehrlich, dass er damit wahrscheinlich mehr anfangen kann, als wenn wir uns in unserem Schmerz von ihm abwenden.

Es stimmt auch nicht, dass Gott immer sofort tröstet, denn auch Gott lässt dem Menschen oft Zeit zu trauern und zu klagen – und er lässt ihm auch Zeit, zu ihm zu finden.

Deshalb ist es gut zu wissen, dass Gott auch die Fragen und Klagen der Menschen akzeptieren kann, denn er sucht immer die lebendige Beziehung zum Menschen. Dennoch ist es tröstlich, sich in Phasen der Trauer an den zu wenden, dem man die eigene Existenz – und auch die Existenz dessen, um den man trauert – verdankt. Die wenigsten Menschen finden allerdings in der Trauer selbst zu Gott. Es ist daher ratsam, diesen „Kontakt" schon in Zeiten herzustellen, in denen es einem gut geht. Ist dies nicht der Fall, dann wird das „Gebet" in schweren Zeiten kaum möglich sein.

Dazu noch ein Letztes: Es gibt Menschen, die meinen, dass sie sich nicht an Gott wenden können, wenn sie verzweifelt sind, weil sie sich ja auch nicht an ihn gewandt haben, als es ihnen gut ging. Das ist zu menschlich gedacht und – theologisch betrachtet – ein Trugschluss. Gott rechnet nicht auf, sondern freut sich über jeden, der sich an ihn wendet – und sei es nach vielen Jahren der „Funkstille" in einer Phase aktueller Niedergeschlagenheit und Trauer.

Später, viel später, oft nach Jahren oder Jahrzehnten, tut sich doch häufig ein Licht auf und man beginnt zu ahnen, in welch unglaublicher Voraussicht Gott oft Dinge verfügt, die wir nicht einsehen können und unter denen wir viele Schmerzen leiden. Denn eines bleibt immer, wenn man sich an Gott wendet: der (oft schmerzliche) Glaube, dass man sich an den wendet, der das Leben gibt und auch nimmt.